KB052831

무엇이
우리를
인간이게
하는가

무엇이
우리를
인간이게
하는가

천주희

정지우

김민섭

류은숙

전성원

하승우

강남순

홍세화

낮은산

차례

그 누구도 섬이 아니다

고등학생 시절 언젠가 주변 친구들에게 "벙어리는 어떻게 우는 가?"라는 질문을 던졌다. '울음'이란 그 자체로 '소리'를 연상하게 되는 탓인지, 친구들은 그에 대한 답을 쉽게 내놓지 못한 채 당황한 표정을 지었다. 스스로를 돌이켜 반성하는 것은 인간을 인간답게 만드는 매우 중요한 방도일 터, 그런 의미에서 이 책의 제목이기도 한 '무엇이 우리를 인간이게 하는가'라는 주제로 글을 써 달라는 청탁을 받았을 때, 나 역시 그때 친구들처럼 당황했다. 반성한다고 해서 지난 과거를 돌이킬 수는 없기에, 반성과 성찰의 시선이 향하는 곳은 비록 과거일지라도 행위 자체는 미래지향적인 것이다.

'무엇이 우리를 인간이게 하는가'라는 물음은 크게 두 가지 의미에서 나를 반성하게 만들었다. 어떤 의미에선 청소년 논술 과제 같지만, 평소 이 같은 주제로 많이 생각해 보지 못했다는 것이 하나였고, 지식(知識)을 넓히는 것에만 치중했지 정작 지혜 (智慧)를 깊이 하는 일에는 등한했던 것이 아니냔 부끄러움이 다른 하나였다. 낮은산 출판사에서 어떤 의도로 이와 같은 출판물을 기획했는지에 대해선 당시 우리 주변에서 벌어졌던 사건들을 통해 충분히 짐작할 수 있다. 2014년 4월 16일 인천에서 제주로 향하던 여객선 세월호가 진도 인근 해상에서 침몰하면서 승객 304명이 사망하는 대형 참사가 있었고, 이 책의 청탁이 이루어지던 무렵, 2016년 9월 25일 백남기 어르신이 오랜 고통 끝에 선종(善終)했다.

이들의 죽음 앞에서 우리는 감히 '애도(哀悼)'란 말조차 입에 올리기 어려웠다. 국가 공권력에 의해 죽임당한 백남기 어르신의 사인을 외인사가 아닌 병사로 기재하는 의사, 세월호가 침몰하던 7시간 동안 행방이 묘연했던 대통령, 무엇보다 유가족 앞에서 이들의 죽음을 한껏 조롱하던 사람들이 너무나 많았던 것이다. 그런 상황에서 '무엇이 우리를 인간이게 하는가'란 질문은 때로 너무 잔인하고, 때로 너무 무거운 질문이었다. 백남기 어르신이 떠난 뒤, 광화문 광장에 첫 번째 촛불이 켜진 뒤로는 책상 앞에 앉아 있을 시간마저 부족해졌다. 책상 앞에서 호흡을 가다듬고 글을 쓰고자 해도, 광장의 촛불에 힘을 보태야 한다는 마음이 앞섰기 때문이다. 2016년 10월에 시작한 최순실 게이트 규탄 및 박근혜 대통령 퇴진 운동 촛불 집회는 해를 넘겨 이어졌고, 2017년 3월 10일, 헌법재판소는 재판관 전원 일치로 박근혜 대통령 탄핵 소추안을 인용하여 박근혜를 대통령직에서 파면했다.

잡지 편집을 20여 년 넘게 해 오고 있지만, 무거운 주제일수록 글을 쓰는 이들은 주제에 압도당하기 쉽다. 이 책의 글쓴이 8명은 각자 자신의 삶에서 출발하여 '인간'과 '인간다움'이란 무엇인가를 묻고, 어떻게 하면 우리 사회에 공적인 메시지를 전달할 수 있을까 고민했다.

「이상한 나라의 앨리스는 무사히 할머니가 될 수 있을까?」를 쓴 천주희는 그 자신이 사회적 불평등을 뼈저리게 경험한 청년 세대의 일원이자 젊은 문화 연구자로서 우리 사회의 학생 채무자와 청년 부채 문제에 대해 연구해 왔다. 그는 이번 글에서 한 장의 사진으로 이야기를 시작한다. 그 사진은 장애 학생을 둔 부모들이 무릎을 꿇으며 지역 주민들에게 특수학교 설립에 찬성해 줄 것을 호소하는 장면이다. 이 사건은 한국 사회에서 장애에 대한 인식이 어느 수준에 있으며, 우리가 타인과 함께 살 준비가 얼마나 되어 있지 않은지 보여 주는 사례였다. 우리와 함께 살고 있지만, 일상에서는 쉽게 볼 수 없고 특별한 날, 특별한 공간에서만 볼 수 있는 존재들은 우리가 애써 외면해 온 존재들이다. 그나마 거리에 나와 질문을 던지고 답을 찾는 사람들이 있었기에 우리는 어제보다 나은 사회에서 살 수 있다. 세상에 같은 존재란 없다. 우리는 모두 다르게 태어나고, 다르게 살아간다. 서로 다른 모두를 있는 그대로 함께 살아가는 존재로 받아들일 때 우리는 인간으로 살 수 있다.

문화 평론가 정지우는 「그 속에는 명백하게도 타인에 대한 '실감'이 있었다」에서 우리 사회 언론을 뒤덮고 있는 노동 재해에 대해 말한다. 2016년 5월, 스크린도어를 설치하던 청년이 사망한 '구의역 참사', 2017년 5월, 남양주시 아파트 건설 현장에서 타워 크레인이 붕괴하며 3명이 숨졌던 사건을 비롯해 이 땅에서 벌어졌던 수많은 산업 재해의 원인은 결국 '인간'을 인간으로 사고하지 않았던 결과다. 이윤 창출과 효율적 결과를 만들어 내기 위해서 '인간'은 얼마든지 갈아 넣어도 되는 존재였다. 우리나라는 자살률만 1위인 국가가 아니라 산업 재해 사망률 역시 OECD

1위를 기록하고 있다. 타자에 대한 실감을 포기한 결과, 우리는 오로지 자기 이익만을 위한 자유를 누릴 수 있게 되었다. 그러나 촛불 광장에서 우리는 여기에 사람이 있다는 열망을 확인한다. 우리가 인간일 수 있는 이유는 인간에 대한 열망, '인간 그 자체'에 대한 열망이었다. 우리가 바란 것은 인간이 인간으로 살 수 있는 사회 그 자체였던 것이다.

「나는 결국 아이 이름을 '린'으로 지었다」를 쓴 문화 평론가 김민섭은 새로운 생명이 태어나고 그 아이의 이름을 '린'이라고 짓기까지를 씨줄로 삼고, 근대 문학 연구자로서 식민지 시대의 지식인들이 고뇌했던 "(인간은) 어떻게 살아야 할까?"를 날줄로 삼아 더불어 살아가는 '사회'의 의미를 짚어 주고 있다. 사회가 유지되기 위해선 타인에 대한 동정과 사랑이 기반 되어야 한다. 동정은 타인이 아니라 자기 자신을 기초로 하는 것이어야 한다. 불우한 처지에 놓인 타인을 보며 흘리는 눈물은 단순한 애련과 측은의 감정 때문이 아니라 자기 자신 또는 사랑하는 이들도 언제든 그러한 처지가 될 수 있다는 감각의 작용이다. 그러나 우리 사회는 그와 같은 감각을 상실하고 있다. "인간은 어떻게 살아야 하는가?"라는 질문 앞에서 백 년 전의 젊은 지식인들이 품었던 인간과 사회에 대한 감각이, 지금 우리의 그것보다 더 '인간적'이고 '사회적'이었다. 그는 자라날 아이가 '공감'을 바탕으로 타인의 처지에서 사유하고 먼저 손을 내밀 수 있는 인간이 되어 주기를 바란다. 한 아이가 건강하게 성장하기 위해선 온 사회가 건강해야 한다.

인권 활동가 류은숙은 「MB의 밥상을 세 번이나 차리며 '열심'을 추궁하다」에서 지난 14년간 식당에서 아르바이트로 일하면서 특이하게도 MB의 밥상을 세 번이나 차리게 된 이색적인 경험담을 소개한다. MB와의 첫 만남은 공교롭게도 용산 참사 5주기 추모식이 열리는 날이었다. 류은숙은 MB와 바보 이반을 대비하며 '존재'가 아닌 '열심'을 섬기는 나라에서 어떻게 해야 인간으로 살 수 있는지 묻는다. MB를 대통령으로 뽑으면서 우리 사회는 그의 열심이 가져온 성공에 찬사를 보내며 그 신화에 기댔다. 그러나 MB의 성공 신화, 우리 사회가 추구했던 열심의 세계란 결국 구조적으로 배제될 수밖에 없는 존재들을 짓밟은 결과이며, 결국 우리들 자신도 배제될 수밖에 없는 사회다. 이처럼 열심과 성공을 섬기는 국가와 사회에 그런 존재들의 상처를 인정하고 상처를 알아볼 재간이 있을까?

계간 『황해문화』 편집장이자 문화 연구자인 전성원은 「인간이 손에 넣은 가장 위대한 것」이라는 글을 통해 태초의 '인류'가 '인간'으로 진화해 가는 과정을 통해 인간이란 존재가 무엇인가를 탐구한다. 그는 660만 년 전 태초의 인류가 아무런 보호도 받을 수 없는 평원에서 생존할 수 있었던 것은 너와 나의 아이를 구분하지 않고 함께 보호하고 성장할 수 있도록 보살폈기 때문이라고 말한다. 인간을 인간답게 만드는 힘은 '죽음'을 자각한 뒤 공동체가 이를 추모하고 애도하는 과정에서 높은 수준의 추상적 사유에 도달함으로써 만들어졌다. 종교와 문화, 예술이 바로 그런 결과라는 것이다. 그러나 오늘날 우리 사회는 죽음을 일상에서 밀어냈고, 내일을 상상하는 힘도 함께 잃어버리고 말았다. 우리 후손들에게 어떤 내일을 물려줄 것인가? 오늘을 살아가는 우리가 인간으로 존재하기 위해, 인간답게 살기 위해 고민해야 할 문제가 바로 그것이다.

녹색당 공동정책위원장 하승우는 「곁에 선다는 것, 서로의 목소리를 듣는다는 것」을 1980년 광주의 기억으로 시작한다. 2017년 4월, 전두환은 광주항쟁이 폭동이었고 정당한 자위권의 발동이 있었을 뿐 발포 명령은 없었다는 회고록을 출간했다. 인간 같지 않은 사람들이 떵떵거리는 세상은 자유와 평등, 정의를 실현하려는 시민의 정치가 무기력해진 세상이다. 이와 같은 현실은 각자도생, 즉 각자 재주껏 살아남아야 하는 전쟁터나 마찬가지다. 한나 아렌트는 '정치란 인간을 인간이게 하는 고유한 활동'이라 정의한다. 모든 것을 뜻대로 실현하는 신이나, 오직 생존만을 추구하는 동물에게 정치는 필요하지 않다는 것이다. 정치란 멀리 있는 것이 아니다. 사는 게 별거 없듯이 정치도 별게 아니다. 누구나 자유롭게 질문할 수 있는 것, 그것이야말로 일상 정치의 시작이다. 지난 촛불 광장에서 보았듯 서로의 곁을 든든하게 지켜 주는 것, 그것이야말로 최선의 정치일 수 있다.

텍사스크리스천대학교 브라이트신학대학원의 강남순 교수는 「'진정성'의 실종 시대, '진정한 인간'으로 산다는 것」이라는 글을 통해 "인간이란 누구이며, 인간을 인간이게 하는 것, 즉 '인간다움'의 요소들은 무엇인가"란 질문에 고정된 해답은 없다고 말한다. 결국 이 물음들이야말로 우리가 살아가고 있는 구체적 정황 속에서 지속적으로 성찰해야 할 '과제'이며 동시에 '여정'이라는 것이다. 자유를 향한 갈망을 지니고 자기 삶의 의미물음을 하는 존재로서의 인간은, 차별과 배제 그리고 소외가 부재한 탈영토적 의미의 '고향'에 대한 열정을 포기하지 않게 된다. 그러한 갈망과 열정을 지니면서 '진정한 나'가 체화되는 삶을 이루어 내고자 씨름하는 것―이러한 과정이 바로 한 인간의 '인간됨'을 구성하는 결들이다. 이렇게 '인간됨'의 의미를 확장하고, 가꾸고자 하는 여정 자체에 바로 인간을 인간이게 하는 희망의 근거가 있다.

사회 운동가 홍세화는 「'사람'과 '괴물' 그 사이, 회의하고 또 회의하라!」에서 '나는 생각한다, 그러므로 나는 존재한다(Cogito, ergo sum).'라고 하지만, 우리가 정말 실제로도 생각하면서 살고 있는지 반문한다. 사람을 '생각하는' 동물이라 하지만 '생각'이란 처음부터 고정된 상태가 아니라 끊임없이 '회의하는' 과정을 통해 생성되기 때문이다. 우리 스스로 생각하는 과정을 멈추고, 지배 이데올로기에 의해 훈육된 생각을 나의 생각으로 삼아 의심하지 않는다면, 다시 말해 회의하고 또 회의하는 과정을 멈춘다면 결국 우리는 존재를 배신하는 생각에 지배당하게 된다. 가해자들은 괴물이 아니라 단지 생각하기를 멈춘 보통 사람들일 뿐이다. 그러므로 우리가 인간으로 살기 위해선 회의하고 또 끊임없이 회의하는 길밖에 없다.

이상 8인의 글쓴이는 진솔한 자기 성찰로 시작해 우리 사회 전반의 문제에 대해 인류학적 고찰, 철학적 고민에 이르기까지 다양한 생각을 토해 내고 있다. 하나로 묶어 내기 힘든 다양한 경험과 입장이 글로 묶였다. 그러나 이들은 '인간이 되는 조건'을 관념이나 추상적인 명제가 아닌, 대한민국의 오늘을 살아가는 '나의 현실'로 이야기하고 있다. 지금 우리에게 '인간에 대해 사유하는 일'이 왜 이토록 중요한 과제가 되었을까? 어떻게 해야 우리가 좀 더 인간다운 삶, 인간다운 사회를 만들어 갈 수 있을까? 글쓴이들은 독자들과 함께 고민할 만한 질문을 만들었다. 하나로 묶어 낼 수 없지만, 그럼에도 이들의 글 속에서 교차되는 지점을 어렵지 않게 발견할 수 있을 것이다. 그것은 타인에 대한 관심, 그들과 어떻게 하면 교감하고, 연대할 수 있을까에 대한 고민이다.

조르조 아감벤은 『아우슈비츠의 남은 자들』에서 다음과 같은 개인적 경험을 토로한다. 몇 년 전 아감벤은 어느 프랑스 신문에 강제수용소들에 대한 글을 게재한 적이 있다. 그러자 어떤 사람이 신문 편집자에게 편지를 보내왔는데, 그는 아감벤의 글에 많은 잘못이 있지만 그중에서도 "아우슈비츠의 고유하고 말해질 수 없는 성격을 파괴"하려는 점이 큰 잘못이라고 지적했다. 모든 증언에는 공백이 있다. 증인은 살아남은 자들이며, 그래서 모두가 어느 정도는 특권을 누린 자들일 수밖에 없다. 아우슈비츠의 평범한 수인(囚人)은 결코 살아남을 수 없었기 때문이다. 살아남은 사람들은 진정한 증인이 될 수 없다. 증인은 통상 정의와 진실의 이름으로 증언하며, 그렇기 때문에 그/그녀의 말은 견고함과 충만함을 얻는다. 하지만 여기서 증언의 가치는 본질적으로 증언이 결여하고 있는 것에 있다.

이 책에 글을 쓴 이들이 처한 입장도 증언자의 입장과 크게 다르지 않을 것이다. 우리는 이 책을 통해 현재 대한민국이 처한 비참한 현실에 대해 고발하고, 윤리적 인간으로서의 삶에 대해 이야기하고 있지만, 우리 역사에는 미처 우리가 기록하지 못한 수많은 공백이 있다. 이 책에 글을 쓴 8명을 제외한 나머지 사람들이 경험한 수많은 죽음과 참사들이 즐비하다. 결국 이 빈자리를 채울 수 있는 사람은 이 책을 읽을 독자일 수밖에 없을 것이다.

스페인 내전을 배경으로 개인의 책임감과 시대적 의무가 무엇인지 역설했던 헤밍웨이의 소설 『누구를 위하여 종은 울리나(For Whom the Bell Tolls)』의 제목은 성직자이자 시인이었던 존 던(John Donne, 1572~1631)의 『위급한 상황에서의 명상록』에 나오는 한 구절을 따온 것이다. 성공회 사제이자 훌륭한 설교자였던 존 던은 어린 시절부터 종종 목숨을 위협하는 병치레가 잦았다.

사랑하는 아내를 잃고, 그 자신도 발진티푸스와 열병으로 사경을 헤매게 되었을 때, 존 던은 병상에 누워서도 매일 명상과 기도를 거듭하며 일지를 작성했다. 어느 날 그는 죽음을 예감하며 "지금 다른 사람을 위하여 나직이 울리는 이 장례의 종이 내게 이르되 너는 죽으리라"(「명상 17」)라고 읊조렸다. 존 던은 죽음을 앞둔 병상에서 이렇게 적었다. "무슨 일이든 종이 울리면 귀 기울이지 않는 사람이 있는가? 더욱이 이 세상으로부터 자기 자신의 한쪽을 떼 내어 가는 종소리에 귀를 막을 자 누구랴! 그 어떤 사람도 섬이 아니다. 모든 사람은 대륙의 한 귀퉁이요, 물의 한 쪽이다. 흙 한 덩이가 바닷물에 씻겨 나가면 땅은 그만큼 줄어든다."

우리는 기나긴 역사의 터널을 지나왔거나 어쩌면 앞으로 새로운 터널을 맞닥뜨리게 될지도 모르겠다. 하지만 우리 이제 더 이상 각자를 외따로이 고립된 섬이라고 생각하지 말자. 지난날의 고통과 슬픔, 무기력을 경험하며 우리는 간신히 섬과 섬 사이에 바다가 있음을 알게 되었고, 서로에게 이르는 길을 내었다. 그날의 광장에서 우리는 더 이상 누구도 섬이길 원치 않는다는 사실을 알게 되었다. 그러나 이 길은 여전히 만났다 헤어짐을 반복하는 단속(斷續)의 길이다. 존 던은 이렇게 말했다.

"그 누구도 멀리 떨어진 곳에 홀로 있는 섬이 아니다. 우리를 새롭게 할 힘을 위해 우리는 모두 신에게 간구하노라. 내가 세상의 형제를 도울 때 우리는 우애의 씨앗을 심는 것이다. 그리고 내가 아는 한 그것은 결코 죽지 않으리니."

마지막으로 이 책을 기획한 낮은산 출판사와 강설애 편집자에게 감사의 뜻을 전한다. 그들은 쉽지 않은 생각을 했고, 한데 모이기 어려운 이들을 글쓴이로 엮어 주었으며, 받기 어려운 원고를 기다려 주었다. 이 책에서 얻을 수 있는 좋은 내용이 있다면 모두 그들의 노고 덕분이다.

글쓴이들을 대신하여 전성원 씀

이상한 나라의 앨리스는
무사히 할머니가 될 수 있을까?

천주희

나는 동화를 좋아한다. 내가 좋아하는 동화는 주로 모험물인데, 대체로 '이상한 나라'와 '거울 나라'를 오가는 앨리스 이야기나, '낭기열라'에서 모험을 즐기는 사자왕 형제 요나탄과 스코르빤 형제 이야기다. 이 동화 속 주인공들은 다른 세계를 넘나들며 용감하게 세계의 폭력에 대항한다. 동화가 매력적인 이유는 이 세계에 가장 나중에 온 사람들만이 포착할 수 있는 시선으로 세상을 바라보기 때문이다. 그래서 언젠가 나도 조카가 생기면, 익살스러운 이모가 되어 목에 한껏 힘을 주고 악당을 물리치는 용감한 주인공이 되리라는 상상을 한 적이 있다.

부유해지는 법이나, 명예로워지는 법이나, 똑똑해지는 법이

나, 우위에 서는 법 대신 작은 것들, 보이지 않는 것들, 세상의 낮은 것들이 자유롭게 사는 세계의 상상력을 나누고 싶었다. 폭력을 배우기 전에 사랑을 가르치고, 우리는 사랑을 지키기 위해서라면 폭력에 맞서는 사람이 될 수 있어야 한다고 알려 주고 싶었다. 만약 누군가 아이의 다름을 차별하고 괴롭힌다면, 나는 기꺼이 동화 속 주인공처럼 네 곁으로 달려갈 것이다. 차별의 가면을 쓴 악당을 물리치고 폭력을 당연한 것이라고 믿는 이 세계의 규칙과 정상성의 신화를 멋지게 찢어 버릴 것이다.

이런 막연한 상상은 몇 달 전, 조카가 태어나면서 현실로 다가왔다. 동화 속 세계에서 나는 여전사이지만 현실에서 나는 작고, 겁이 많다. 큰 소리에 놀라고, 싸움보다는 피하기를 선택한다. 이런 내가 용기를 내야 할 때가 머지않은 것이다. 심지어 나는 어떻게 해야 용감한 사람이 될 수 있는지도 잘 모른다. 현실에는 마시면 순식간에 용기가 샘솟는 마법의 약물 따위가 없기 때문이다. 이 세계가 얼마나 이상한 나라인지 알지만, 어떻게 이 나라에서 당당한 앨리스처럼 살아갈 수 있는지 잘 모른다. 그래서 지금부터 여행을 떠나려고 한다. 사랑하는 조카 이음이와 함께, 이 이상한 나라에서 살기 위한 방법을 배우기 위해!

이상한 나라로 가는 길

이음이가 태어나고 얼마 지나지 않았을 때, 원고 청탁에 대한 이야기가 오갔다. 편집자는 '무엇이 우리를 인간이게 하는가?'라는 주제로 기획을 하고 있었고, 장문의 글을 보내며 이 작업에 참여해 줄 것을 제안했다. 처음에는 제안을 거절했다. 바쁘기도 하거니와 '인간'에 대해 생각해 본 적이 별로 없기 때문이었다. 나는 늘 나에 대해 생각하지만, 그 사유가 '인간'으로 이어지진 않았다. 그럴 겨를도 없이 살아왔다는 게 더 적확한 표현일 것이다. 언젠가 고민하겠지만 당장 내 삶의 화두로 끌어오기에는 버거운 주제였다. 그렇게 몇 차례 제안과 거절을 반복하는 사이, 서울 강서 지역에서는 특수학교 설립을 두고 토론회가 열렸다. 그 사건을 계기로, 나는 편집자에게 글을 써 보겠다고 했다. 그때 이음이가 떠올랐기 때문이다.

당시 나는 사진 한 장에 엄청 화가 나 있었다. 토론회 자리에서 장애 학생을 둔 부모들이 무릎을 꿇으며 주민들에게 특수학교 설립에 찬성해 줄 것을 호소하는 장면이었다. 다른 영상에는 지역구 국회의원이 토론회에서 주민들에게 한방 병원을 유치해야 한다고 말하고 홀연히 사라지는 장면이 담겨 있었다. 강서구에는 특수학교 설립반대추진 비상대책위원회가 만들어졌고, 그들은 "서울시 교육청이 국립 한방 병원을 빼앗아 가려 합니다." 라는 문구가 적힌 현수막을 걸고 시위를 하기도 했다.

특수학교와 같은 복지 시설을 지으려면, 다른 지역에도 균등하게 지어야지 왜 '하필이면' 강서구'에만' 장애인 시설을 짓느냐, 특수학교를 지으니 땅값이 떨어지는 것 아니냐, 그러니 특수학교 대신 한방 병원을 지어야 하지 않겠느냐, 국회의원도 한방 병원 짓겠다는데 장애 학생 부모가 뭐라고 한방 병원 설립을 반대하느냐 등등. 특수학교 설립을 반대하는 사람들의 주장은 대체로 이랬다. 그들이 강서구 주민의 대표가 될 수 없고, 대표성을 띨 수도 없지만 언론은 모든 강서구 주민들이 특수학교 설립을 반대하는 것처럼 보도했다. 그럴수록 장애 학부모는 점점 더 소수가 되었고, 막강한 다수 강서구 주민과 싸우는 것처럼 보였다.

결국 이 토론회는 다수의 한방 병원 설립파와 소수의 특수학교 설립파가 대립하다가 서로 입장을 좁히지 못해 아무런 논의도 진전시키지 못한 채 끝난 것이 되어 버렸다. 언론에서는 특수학교 설립을 반대하는 강서구 주민들의 이기심을 님비 현상의 전형으로 보도하기도 했고, 모 정당에서는 한 국회의원이 표를 얻기 위해 지역민들에게 지키지 못할 한방 병원 설립 공약을 내걸어서 지역이 분열된 것이라고 비판하기도 했다. 하지만 핵심은 거기에 있지 않다. 이 사건은 한국 사회에서 장애에 대한 인식이 어느 수준에 있으며, 우리가 얼마나 타인과 함께 살 준비가 되어 있지 않은지 보여 주는 사례였다.

내가 화난 이유는 아직 발생하지도 않은 이익을 위해 같은 지역 주민에게 폭력을 행사하고 그것을 정당화하는 장면 때문이었다. 특수학교 설립을 반대하는 사람들은 특수학교가 생긴다고 해서 경제권을 상실하지 않는다. 하지만 그들의 행위로 인해 장애 학생은 교육권, 이동권을 침해받는다. 폭력이란 당장 물리적인 상해를 입히지 않더라도, 타인의 권리를 빼앗음으로써 발생할 수 있는 것이다. 아이들의 교육권보다 자신의 집값이 더 중요하다고 '당당하게' 주장하는 모습이 너무 뻔뻔해서 화가 났다. 이 일은 강서구가 아닌 어느 지역에서라도 충분히 일어날 수 있는 일이다. 공공 임대 아파트, 지역 아동 센터, 청년 활동 공간 등 무엇이든 님비 현상으로 치부하면 그만인 일들이 곳곳에서 일어나고 있다.

이 토론회는 '강서 지역 특수학교 설립 교육감-주민 토론회'였고, 애초에 주민들이 국립 한방 병원을 설립하자고 주장할 수 있는 자리가 아니었다. 강서 지역에 초등학교가 폐교되면서 그 자리에 특수학교를 짓기로 한 것이었고, 특수학교 설립 찬반을 논하는 것이 아니라 어떻게 아이들의 편의를 위한 교육 환경을 만들 것인지 논하는 자리였어야 했다. 서울시에는 특수교육 대상 학생이 12,000여 명이 있다. 그중에 34.8%만 특수학교에 다니고 있다. 4,496명이 29곳에 재학 중이고, 8개 구에는 특수학교가 없다. 그래서 다른 지역구로 2~3시간에 걸쳐 통학하는 경우가 많다. 심지어 2002년 종로구에 서울경운학교가 생긴 이후로 15년 동안 서울에 특수학교 개교 사례는 없다. 서울시는 각 구별로 특수학교를 설립할 예정이라고 발표했고, 강서 지역에 꼭 설립할 것이라고 강경한 입장을 밝혔다.

일련의 과정을 보면서 의문이 들었다. 장애인이 소수라서 더 먼 거리로 통학하는 불편함과 수고로움을 감수해야 하는 걸까? 오히려 소수이기 때문에 더 가까운 곳에서, 덜 수고로운 환경에서 교육을 받게 해야 하는 건 아닐까? 우리는 타인의 교육권을 박탈할 권리가 없다. 장애인이 아니더라도 여성, 성소수자, 다문화 아이 등 곳곳에 기본적인 권리를 누리지 못하는 사람들이 많다. 우리 사회는 소수이기 때문에 그들을 분리하고 분류하고 배제하는 방식이 효율적이라고 생각한다. 그래서 특수학교를 만들어 분리시킨다. 여자 학교, 남자 학교, 장애인 학교, 다문화 학교 등등. 격리는 분리를 낳고, 분리는 무지를 낳고, 무지는 폭력을 낳는다. 그렇기 때문에 궁극적으로 교육은 통합 교육으로 바뀌어야 한다.

한국 사회는 '특수'한 것을 좋아해서 앞으로도 기존 학교에서 장애 학생들이 함께 어울려 공부하는 방법보다 분리하는 방법을 더 고민할 것이다. 사회적 약자, 사회적 소수자를 배려한다고 하지만 집단화하면서 배제하는 건 달라지지 않았다. 여전히 다수의 편의를 위해 소수가 희생해야 한다는 생각이 지배적이고, 여기서 분리의 기원이 시작된다. 소수를 분리하면, 다수를 효율적으로 관리할 수 있고 그 과정에서 다수는 '보편성'을 획득하는 효과를 불러일으키기 때문에 소수는 '자연스럽게' 은폐된다. 하지만 '다수'라는 상상된 집단의 편의는 어디에서 만들어지고 있는 걸까?, 라고 반문한다면 그 역시 자신들이 다수라고 믿는 소수의 사람들에 의해 만들어진 것을 알고 있을까?

소수를 배제하면, 사람들은 큰 효용을 얻는다고 생각하지만 사람들이 상상하는 것만큼 효용은 없다. '효용' 또한 만들어진 추상적 이익이기 때문이다. 또한 소수가 존재할 수 없는 집단은 자기 동일성이나 전체주의에 함몰되기 쉽다. 아무리 보편성을 획득한 집단이라도, 소수는 끊임없이 출현한다. 우리는 언제나 소수자가 될 환경을 공유하고 있기 때문이다. 오히려 내가 소수가 될 수 있다는 생각을 못 한다는 게 이상할 따름이다. 어떤 이유에서든 나는 소수를 배제하는 것이 좋은 가치라고 생각하지 않는다. 그래서 우리는 '무엇에 대해' 그런 조치와 통치가 효율

적인지, 그리고 '왜' 그렇게 생각하는지 따져 물어야 한다. 여기,
이 대답 없는 사회에 질문을 던지기 위해 거리로 나온 사람들이
있다.

너의 목소리가 나의 터전을 바꾼다

2012년 8월 21일, 서울 광화문에 사람들이 모였고 5년 동안
그 자리를 떠나지 않았다. 장애인 차별 철폐를 주장하기 위해 나
온 사람들이었다. 근대 이후, 우리가 인간을 상상하는 방식은 생
존을 위한 의식주 외에 '개인'이 '자유롭게' 이동하고, 교육받고,
노동할 수 있는 권리일 것이다. 이동권, 교육권, 노동권은 필수
적인 권리이며, 그 권리 또한 의무나 강요가 아니라 자발적인 인
간의 의지에 따라 선택할 수 있어야 한다. 하지만 기본적인 의식
주뿐만 아니라 사람들이 당연하다고 여기는 일상의 권리를 누
리지 못하는 사람들이 있다. 당장 내가 사는 동네만 하더라도 버
스 정류장으로 가는 길은 경사가 심해서 미끄러지기 십상이고
인도와 차도 사이의 턱이 높아서 다리가 불편한 할머니가 횡단
보도를 건널 때면 아슬아슬하다. 버스는 또 어떤가. 빠른 속도로
왔다가, 금방 떠나 버린다.

이미 오래전부터 살아온 사람들이 있는데, 유독 일상에서는 잘 볼 수 없고 특별한 날 특별한 공간에서만 볼 수 있다면 우리는 의심해 봐야 한다. 왜 그동안 만날 수 없었던 걸까? 이 많은 사람은 어디에서 나온 걸까? 이들은 어디에 있었던 걸까? 도시라는 공간이 처음부터 특정인을 배제한 채로 설계된 곳인지, 아니면 후에 그들을 내쫓은 것인지 알 길이 없으나 중요한 건 지금 함께 살아가기 위해 도시의 교통과 거리는 위험한 것들이 많다는 사실이다. 우리가 사는 도시가 절대 환대의 공간이 아니라는 뜻이다. 목숨을 걸고 친구를 만난다거나 약속 장소에 나가야 한다면 당연히 이동은 물리적으로나 심리적으로 위축된다. 그러다 보니 장애인은 존재하지만 존재하지 않는 사람이 되어 버렸다. 마치 처음부터 존재하지 않았던 것처럼 말이다.

그래서 보이지 않던 사람들이 스스로 존재를 드러내기 위해 거리로 나왔다. "나를 장애인 수용 시설에 가두지 말아 주세요.", "장애인 등급제를 폐지하세요.", "부양 의무제는 없애야 합니다." 섬뜩한 스릴러물이라고 할지라도, 우리는 다시 물어야 한다. 네? 수용 시설이라구요? 등급제라구요? 장기간 합숙 프로그램에 참여할 때에도 답답함을 느끼던 나였다. 그런데 누군가 내게 너는 1등급이고 옆 사람은 2등급이라고, 지금부터 등급에 따라 생활에 따른 서비스를 제한하겠다고 한다. 심지어 지인들과 관계며,

경제 활동까지 제한한다면? 나는 미쳐 버릴 것이다.

만약 내가 어떤 상황에 처해 경제 활동을 할 수 없다고 가정해 보자. 그래서 복지 제도를 이용해야 한다. 그런데, 그것이 세입자로서, 실직자로서, 혹은 시민으로서 당연히 주장할 수 있는 사회적 합의이고 권리임에도 나의 자격과 조건을 심사하고, 심지어 부모님의 소득 활동이나 재산을 이유로 거절한다는 답변이 온다면? 나는 몇 시간 버스를 타고 가야 만날 수 있는 부모에게 나를 책임지라고, 이제부터 부모님께 기생하며 살겠다고 해야 하는 걸까? 서른이 넘은 내가? 마흔이 넘은 후에도? 만약 부모님도 경제적 조건이 여유롭지 못한다면, 혹은 연로해서 나를 부양할 수 없다면 나는 어떻게 살아야 할까? 이런 질문과 상상이 그저 가정에 국한된 것이면 좋겠지만, 이 문제 때문에 빈곤을 감수하며 하루하루 버티는 사람들이 많다. 부양 의무제란 이래서 무서운 것이다. 불과 몇 해 전에 서른을 넘긴 내게도 빈곤의 경험이 있을 만큼 흔한 일이기도 하다. 장애인에게 부양 의무제는 빈곤의 덫과 같다.

또 다른 이야기를 하자면, 내가 태어났을 때 40대 초반이었던 옥분 씨가 있다. 그녀는 올해 71세 할머니가 되었다. 그녀에겐 그녀만의 표정과 행동이 있다. 그녀는 매일 옥상에서 무언가 응시하는 것을 좋아했고, 때로 숨바꼭질을 즐겨서 종종 사라지고는 했다. 그러면 온 가족이 옥분 씨를 찾아다녔다. 목소리가 크고, 힘이 세고, 잘 웃고, 손을 쓰다듬는 걸 좋아하고, 환하게 사람들을 맞이하던 그녀였다. 그녀는 어릴 때 홍역을 앓아 열병으로 지적 장애가 생겼다. 3대가 모여 살던 대가족의 장녀였고, 20대 중반에는 결혼해서 아이를 낳았지만 5년 만에 다시 부모님 댁으로 돌아왔다. 오래전에 우연히 옥분 씨의 가족사진을 본 적이 있다. 그곳에 그녀는 없었지만, 80년대풍의 원피스를 입은 젊은 여성이 웃고 있었다. 그녀의 딸이었다. 옥분 씨는 오랫동안 부모님과 살았다. 아버지가 돌아가시고 어머니와 함께 넷째 동생인 나의 엄마 집에서 5년 동안 살았다. 옥분 씨는 나의 큰이모다.

할머니가 돌아가셨을 때, 가족들은 큰이모의 거처를 두고 고민이 많았다. 이모와 삼촌은 이미 나이가 많았고, 넷째였던 엄마와 동생이었던 이모 둘은 40대~50대로 비교적 젊었다. 가족들은 앞으로 큰이모와 어떻게 살아야 할지 이야기를 나눴다. 요양병원을 생각했지만, 할머니의 부재와 상실감을 추스르기도 전에 큰이모를 따로 혼자 살게 하는 것은 상상하기 어려웠다. 오랫동안 함께 사는 것에 익숙한 큰이모가 갑자기 시설이나 병원에 간다면 많이 힘들 것 같았다. 그래서 결국 옥분 씨는 다섯째 동생집으로 갔다. 시골보다 도시가 의료 및 복지 혜택을 조금 더 받을 수 있을 거라는 기대로 내린 결정이었다. 조카인 우리들도 어릴 때부터 큰이모와 함께 사는 삶이 익숙해서 그녀의 장애가 특별하게 다가오지 않았고, 누군가 부양해야 한다면 각자 가능한 자원을 모아 지원하는 것을 당연하게 생각하고 있다. 물론 이것은 가족 수가 많고, 국가 지원을 받을 수 있기 때문에 가능한 것이다. 모두가 옥분 씨처럼 살 수 없다는 걸 안다.

우리가 자립에 대해 이야기할 때, 놓치는 부분이 있다. 한 사람이 지속가능한 삶을 산다고 할 때, 당연히 그 주변에 가족이 있을 거라고 전제한다는 것이다. 그러나 자립의 시작은 그 전제를 버리는 것에서 시작해야 한다. 한국의 복지 제도는 특히 가족을 기반으로 만들어진 제도가 많아서 오늘날 개인이 자립을 하거나 가족과 독립해서 생활을 할 때, 많은 제약을 받는다. 이는 장애인뿐만 아니라 비장애인도 자주 경험하는 제도적 불합리이다. 거리에 나온 사람들이 부양 의무제 폐지를 주장하고, 장애인 수용 시설에 격리하는 것에 반대하고, 장애인 등급제 폐지를 주장하는 것은 단순히 장애를 지닌 사람들이 처한 구조적 한계를 해결하기 위한 것이 아니다. 이들의 목소리는 인간답게 살기 위한 권리의 목소리이지만 동시에 복지 제도의 한계로 인해 어려움을 겪는 사람들의 권리까지 동시에 주장하는 셈이다. 한국 사회의 복지 제도라는 공통분모에서 우리는 이미 많은 삶을 공유하고, 불합리함을 함께 경험하기 때문이다.

　문재인 대통령이 선출되고, 2017년 8월 박능후 보건복지부 장관은 광화문 농성장을 방문했다. 장관은 새 정부에서 발표한 '기초생활보장 종합계획'의 한계를 개선하고 단계적 부양 의무제 폐지를 약속했다. 그리고 위원회를 설치해서 지속적으로 장애인 정책을 논의할 수 있는 자리를 마련하겠다고 했다. 2012년부터 2017년 사이, 광화문에는 영정 사진이 늘었다. 활동보조인이 퇴근한 후 홀로 집에 있다가 화재로 사망한 이, 장애가 있지만 장애 등급 외 판정으로 기초생활보장 수급에서 탈락되어 목숨을 끊은 이, 장애인 시설에서 9년 동안 살다가 지난 2010년 시설에서 나와 자립생활운동을 하던 중 지병으로 죽은 이까지, 많은 이들이 목숨을 잃었다. 여전히 풀어야 할 정책 과제는 많지만, 거리에 나온 사람들은 5년 만에 돌아갈 수 있었다.

　거리에 나와 질문을 던지고 답을 찾는 사람들이 있어서 그들 덕분에 나는 어제보다 더 이로운 복지 제도를 누릴 수 있게 되었다. 장애와 빈곤과 자유와 인권은 장애인들만의 문제가 아니다. 이들이 사회적 소수자와 공명하는 지점은 결국 우리가 인간답게 살기를 주장하는 데에 있다. 낮고, 약한 것이 살아갈 수 있는 환경에는 그 어떤 것도 살아갈 수 있다. 장애인이 편리하게 거리를 누비고, 충분한 교육을 받고, 시설에서 벗어나 살아가는 사회라면 비장애인도 자유롭게 살아갈 수 있는 사회이다. 내가 사는 동네에 휠체어를 타는 사람이 많다면, 동네는 전혀 다른 공간으로 바뀔 것이다. 낮은 턱으로 장애인도, 아이들도, 노인들도 쉽게 지나다닐 수 있다. 이처럼 우리의 세계는 연결되어 있어 너의 목소리가 오늘 나의 터전을 바꾼다. 그러니 나는 이들에게 많은 빚을 진 셈이다.

무사히 할머니가 될 수 있을까?

요즘 '생각 많은 둘째 언니'라는 유튜브 채널을 즐겨 본다. 채널을 운영하는 장혜영 씨는 〈어른이 되면〉이라는 다큐멘터리를 준비하고 있다. 중증 발달 장애를 지닌 동생 혜정 씨는 12살에 수용 시설로 보내져 그곳에서 18년을 지냈고, 지금은 혜영 씨와 함께 살고 있다. 〈어른이 되면〉 시리즈는 시설에서 나온 혜정 씨가 언니와 살면서 타인과 함께 사는 방법을 하나씩 배워 가는 과정이자, 언니 또한 혜정 씨와 함께 사는 세상을 배우고 모색하는 과정이다. 이 과정에서 한국 사회가 얼마나 이상한 나라인지 드러난다.

혜정 씨는 춤추는 것을 좋아하고, 영어를 잘한다. 요즘은 음악 수업도 한다. 그녀들의 일상을 따라가다 보면 그동안 내가 접하지 못했던 세계가 펼쳐진다. 한국피플퍼스트 대회도 알게 되었고, 노들야학에서 진행하는 프로그램도 알게 되었다. 활동지원 서비스를 신청하기 위해 통과해야 하는 심사 과정이 얼마나 터무니없고 무례한지 지켜보면서 함께 분노했고, 장애인 연금을 신청하고 받기까지 6개월 동안 분투한 과정을 헤아리며 당장이라도 쳐들어가고 싶었다. 자신의 장애를 증명하기 위해 또 그것을 조정하기 위해 드는 비용과 감정 소모가 내가 빈곤을 증명하기 위해 겪었던 것들과 다르지 않음을 발견할 수 있었다.

〈어른이 되면〉을 보면서 가장 부러운 것은 화창한 여름날 혹은 가을날 웃으며 거리를 거닐 수 있는 삶이었다. 누군가 나의 보조가 필요한 경우, 내가 아침에 출근하고 저녁에 퇴근하며 사는 삶은 불가능하다. 어느 인터뷰에서 언니 혜영 씨는 이런 말을 한 적이 있다.

"사람들이 좋은 삶의 방식이라고 이야기하는 거 있잖아요. 명문대에 가고 대기업에 취직하고⋯ 이런 게 더 많은 자원을 확보해 줄 것 같지만 그걸 위해 사는 동안 동생은 말라 죽어 가고 있고 그 시간은 절대 다시 돌아오지 않죠. 설사 그렇게 자원을 확보했다 하더라도 동생에게 가장 중요한 자원은 시간인데, 애를 위해 쓸 시간이 없다는 건 너무 명확한 거예요. 기존의 방식으론 절대 내가 원하는 내 자리를 만들 수 없다고 생각했어요. (…) 제가 어떤 중요한 판단을 내릴 때마다 동생은 그 자체로 저의 가이드가 되어 주죠. 내 위의 뭔가를 위해 뛰어야 할 것 같고, 뭔가를 놓칠까 봐 불안해하는 관점에서 완벽하게 탈피하게 해 줘요."

혜영 씨는 사람들이 생각하는 '좋은 삶'이란 모든 이에게 적용될 수 없다는 걸, 그리고 사람들은 각자가 놓인 상황에 따라 '시간'이라는 자원이 더 필요할 수 있음을 일찌감치 깨닫고 실천하고 있다. 요즘은 동생에게서 한 발짝 떨어진 곳, 그 뒤에서 동생을 바라보는 연습을 한다고 했다. 오랫동안 시설에서 지내느라 타인과 함께 사는 방법을 배운 적 없는 혜정 씨가 이제야 그 방법을 하나씩 배워 가듯이, 혜영 씨도 함께 사는 방법을 배우고 있다. 가족의 성장을 통해 더불어 성장하고, 씩씩하게 나아가는 두 사람이 멋져 보였다. 이음이가 여성으로 태어나서 얼마나 다행인지 모른다. 이렇게 멋진 사람들과 같은 시대를 산다는 건 행복한 일이다. 두 사람이 성 차별과 장애 차별을 넘어 무사히 할머니가 되면 좋겠다. 나와 이음이도 그렇게 할머니가 될 수 있을까?

너와 내가 사는 이곳, 반짝이는 두 세계

"침묵의 세계는 아이를 낳음으로써 말의 세계와 정면으로 부딪쳤다."

– 이길보라, 『반짝이는 박수 소리』에서

오래전 일이지만, 지하철 1호선에서 잠시 낯선 세계를 경험한 적이 있다. 저녁 9시쯤 지하철에는 사람이 별로 없었다. 종각에서 시청역으로 향하던 때였을까. 6명의 중년 커플이 탔고, 그들은 화려한 몸짓과 손짓으로 서로 대화를 나눴다. 그 모습이 잊히지 않아서, 언젠가 극을 쓸 때 꼭 넣고 싶은 장면이었다. 그들이 나누는 대화가 무슨 내용인지 알 수 없지만, 나도 그 사이에 들어가고 싶을 정도로 찬란하고 즐거운 대화로 보였다. 나는 처음으로 수화가 매력적이라고 느꼈다. 이 세계를 이음이에게도 알려 주고 싶었다. 우리는 서로 다른 언어를 통해 만나고, 헤어지고, 반짝이며 다양한 세계를 오갈 수 있는 존재라는 것을 말이다.

얼마 전 코다(CODA: Children Of Deaf Adult)라는 말을 알게 되었다. DMZ 국제다큐영화제 프로그램북을 보며 영화를 고르다가 마시에 아데멧 감독의 〈두 개의 세상(Two Worlds, 2016)〉 소개

글에서 처음 보았다. 코다는 농인 부모 사이에서 태어난 청인 자녀를 뜻한다. 이들은 부모의 농문화와 다른 청문화를 경험한다. 이 영화에는 열두 살 코다 라우라가 등장한다. 그녀는 수어와 음성 언어를 오가며 부모의 세계와 청인의 세계를 통역한다. 이 다큐멘터리에 대한 호기심은 다큐멘터리 리뷰로 옮겨 갔는데, 리뷰가 굉장히 구체적인 언어로 쓰여 있었기에 인상 깊어서 글쓴이가 궁금해졌다. '농인'과 '청인', '코다' 문화를 이토록 쉽고 자세히 소개하는 사람이라면 분명 그 세계 가까이 있는 사람일 거라고 생각했기 때문이다.

글쓴이는 다큐 감독 겸 작가로 활동 중인 이길보라 감독이었다. 그녀는 〈두 개의 세상〉보다 먼저 코다로서 자신이 살아온 삶과 가족, 언어에 대한 다큐멘터리 〈반짝이는 박수 소리(2014)〉(2014)를 만든 바 있다. '반짝이는 박수 소리'는 농인들이 서로에게 보내는 신호이다. 다큐 주인공이자 감독의 엄마인 길경희 씨는 청인들은 듣는 게 가능해서 박수를 치지만, 농인은 듣지 못해서 손을 반짝이는 것이라고 알려 주었다. 그러면 보기에 더 크게 느껴지기 때문이다. 손을 반짝이는 것은 묘한 감정을 일으키는데 마치 우주의 별이 된 것 같아 다큐에서 반짝이는 장면이 나오면 나도 따라 하게 된다.

"아이들이 입으로 옹알이를 할 때 나는 손으로 옹알이를 했다."는 감독은 어느 상영회에서 이 다큐를 "입술 대신 손으로 말하고, 사랑하고, 슬퍼하는 사람들의 이야기"라고 소개했다. 다큐에는 두 아이를 키운 농인 부부의 서사와 농인 부모를 둔 청인 자녀들의 이야기가 나온다. 이길보라 감독은 이 집의 딸이었고, 부모에게 호된 육아 경험을 안겨 준 존재이기도 했다. 아기가 태어나면 2~3시간마다 젖을 먹여야 하는데, 아이 울음소리를 들을 수 없던 부모는 뜬눈으로 밤을 지새우기 일쑤였다. 그나마 보청기를 끼면 미세하게나마 들을 수 있던 아빠는 아이 울음소리를 듣기 위해 집에 오면 테이프로 보청기를 귀에 붙인 채 생활하기도 했다. 농인 부모는 육아 과정에서 혹 본인들 불찰로 아이가 잘못될까 봐 걱정했고, 아이도 농인이 될까 봐 두려워했다는 이야기도 들려주었다.

코다인 감독과 남동생은 어릴 때부터 은행, 부동산에 전화해서 집에 빚이 얼마 있는지 전세가 어떻게 되고 월세와 보증금은 얼마나 되는지 통역해야 했다. 그녀는 얼굴도 모르는 사람에게 부모의 장애를 알려야 하는 삶을 살아왔다. 그래서 조금 일찍 그곳에서 벗어나고 싶었는지도 모른다. 그녀와 동생은 고등학교를 집에서 멀리 떨어진 곳으로 진학했다. 그녀는 부모님의 장애를 따로 설명할 필요가 없는 곳에서 살고 싶었다고 말했지만, 어쩌면 "이 세상 장애인은 모두 착해야 하는 것처럼, 나와 동생도 착하게 그리고 빨리 자라야만 했다."는 도덕적 규범이 답답했는지도 모르겠다. 부모에 대한 복합적인 마음은 역으로 부모의 삶을 더 자세한 언어로 설명하고 싶은 욕망을 불러일으켰고, 언어와 철학을 공부하게 된 계기가 되었다고 말했다.

다큐의 대부분은 제목처럼 반짝반짝 수화의 세계로 바라보는 유쾌한 가족 이야기였다. 감독은 농인과 청인의 세계와 언어를 오가며 번역하는 사람이자 예술가로 살고 있다. 부모가 사는 세계는 침묵의 세계이지만, 자녀는 두 세계를 오가고, 부딪치고 충돌하며 세계를 점점 확장해 나가는 것 같다. 그리고 그것을 보는 나도 '장애'라는 말로 설명할 수 없는 세계가 어떻게 만나고 확장되는지 느낄 수 있었다.

너무 당연한 것이지만, '장애'라는 말로 장애인을 동일한 집단으로 범주화할 수 없다. 그리고 어떤 세계든 그 세계로 들어가기 위해 우리는 그곳의 언어를 배워야 한다. 듣지 못하는 세계에 사는 사람들은 타인에게 손짓과 표정과 몸짓으로 신호를 보낸다. 타인이 나의 손짓을 바라봐야 하기 때문에 최대한 친절하고 크게 표현해야 한다. 그 이야기를 전달받는 사람은 상대의 손짓이 끝날 때까지 응시해야 한다. 나는 상대에게 손짓으로 신호를 보내고, 상대는 응시할 수밖에 없는 관계. 그 사이에서 언어와 관계의 윤리성을 배운다. 다큐에서 한창 김장 준비로 바쁜 엄마에게 불빛을 통해 자신의 존재를 알리는 아빠의 모습을 보았다. 소리 없는 세계는 목소리보다 다양한 손짓과 눈빛으로 다양한 언어를 창조한다는 것을 배웠다. 우리가 다중 세계에 살고 있다는 감각은, 신비롭고 어렵고 깊은 사유 속에서 만들어진다.

기대(해)도 괜찮을까?

이음이가 태어나기 전에 세상에 먼저 온 사람이 있다. 이름은 은재이고, 은재 아빠는 시인이다. 몇 년 전 친구를 따라 북토크에 간 적이 있는데 그때 은재와 은재 아빠를 처음 보았다. 그 자리는 서효인 시인이 자신의 딸 은재를 위해 쓴 책 『잘 왔어 우리 딸』(2014) 북토크였다. 이음이가 태어났을 때, 나는 가장 먼저 책 속의 은재가 떠올랐다. 은재는 서효인 시인에게 "손바닥을 반으로 가르는 직선의 손금. 엄지발가락과 검지발가락 사이의 먼 간격. 치켜뜬 듯 올라간 눈꼬리, 낮은 코. 심장 기형과 갑상선 저하의 가능성. 느리지만 결국 다 해내는 아이"였다.

이제 170일 정도 되었을까. 이음이도 심장에 구멍이 난 채로 태어났고, 코가 낮고, 눈꼬리가 올라가 있다. 그리고 남들보다 염색체가 하나 더 많다. 사람들은 다운증후군(Down syndrome)이라고 한다. 은재와 비슷하다. 다운증후군은 비슷한 외모를 지녔다고 생각하지만 자세히 보면 다르다. 우리가 나뭇잎을 '나뭇잎'이라고 부르지만, 똑같이 생긴 나뭇잎은 하나도 없는 것처럼 말이다. 이음이는 세모 입술에 부드럽고 넓은 볼을 가졌다. 세상과 사람을 잇는 존재가 되길 바라는 마음에서 지은 이름이었다. 아이가 온순한 것도 다운증후군의 증상 중 하나라는 말에 염려가 되기도 했다. 하지만 내가 안았을 때 큰 소리로 우는 걸 보니, 이음이가 온순한 건 순전히 부모의 노련함 때문임을 알았다.

세상에 같은 존재란 없다. 모두 다르게 태어나고, 다르게 살아간다. 나는 이음이가 멋있고 용감한 여성으로 자라서 다른 세계의 앨리스를 만나고, 여행도 하고, 화장도 하고, 사랑도 하는 존재가 되길 바란다. 사람들 사이에서 때로 상처받고, 아픔을 느끼고, 눈물을 흘리는 날도 있겠지만 그럴 때마다 우리는 자유롭고 진실한 사랑과 삶을 위해 잠시 휘청거리는 거라고 여기면 좋겠다. 너로 인해 나와 이 세계는 더 풍요로워지고, 아름다워질 것임을 배우면 좋겠다.

그 속에는 명백하게도
타인에 대한 '실감'이 있었다

정지우

대학원을 다닐 때의 일이다. 학비는 조교 장학금으로 해결하고 있었으나, 생활비를 벌 일이 필요했다. 이따금 받는 인세나 원고료가 가뭄의 단비처럼 떨어졌지만, 생활을 지탱하는 데는 부족했다. 서른을 넘어가니, 마냥 미래만을 바라보기도 답답한 감이 있었다. 그래서 원하던 공부를 하면서도, 적금도 들고, 나름대로는 현실 감각을 지켜 내려 애썼다. 대기업에 들어간 친구들만큼은 아니더라도, 나도 나이 대에 걸맞은 약간의 통장 잔고와 가끔 입을 좋은 옷, 이따금 레스토랑에 갈 여유 정도는 있었으면 했다. 그래서 닥치는 대로 아르바이트를 했다. 교정교열이나 번역, 보도 자료를 쓰는 일 등을 수소문해 얻어 매일같이 해치웠다.

'마음에 들면'과 '원하는 대로'의 함정

그러던 어느 날 한 학원에서 교재랄까, 홍보물 단행본이랄까 하는 애매한 책 한 권을 써 달라는 제의를 받게 되었다. 학과 조교를 하다가 마침 근무 날에 받은 전화였는데, 대학원생 한 명을 구해 달라는 말에 그냥 '내가 하겠다'고 말해 버렸다. 처음에는 '윤문 운운'하기에 교정교열 작업인 줄 알았으나, 막상 찾아가 보니 일종의 유령 작가로 책 한 권을 써 달라는 제안이었다. 책이야 이미 몇 권 쓴 터라 자신은 있었다. 더군다나 학원에서는 원장이 직접 원장실로 불러 '마음에 들면 원하는 대로 주겠다'고 하니, 당시 나로서는 이게 웬 떡이냐 싶기도 했다. 그때만 하더라도 돈이 오가는 세계에서 '마음에 들면'이나 '원하는 대로' 같은 말이야말로 가장 악질적인 어구일 수 있다는 걸 몰랐다.

나는 다소 의심 가는 구석이 있어 계약서 작성을 요구했다. 직원 말로는 '이런 일'로 계약서를 작성하는 건 처음이라고 했다. 어쨌든 비용을 협의하고, 꽤나 꼼꼼하게 계약 조건을 서로 확인했다. 나도 계약서에 합의한 일정대로 글을 써 주기 위해 노력했다. 학원 수강생들의 이야기를 담아야 했기에, 일일이 인터뷰를 하면서 많은 시간을 썼다. 그렇게 초고를 건넨 뒤, 학원 직원들과 상의하여 고칠 부분을 고치고, 보강할 부분은 보강했다.

계약서에 정해 둔 것보다 더 많은 추가 작업을 했다. 그렇게 최종 원고를 인쇄해서 건넨 뒤, 입금을 기다렸으나 연락이 없었다. 직접 찾아가서 들은 말은 '원장님이 마음에 들지 않는다고 하니, 아직 돈을 줄 수 없다'는 것이었다.

실제로 약간의 계약금을 제외하고는 전혀 돈을 받지 못할 수도 있었다. 하지만 나도 원고의 원본 파일을 주지 않고 버텼다. 또한 내용증명을 보내 약속한 대로 돈을 지불할 것을 요구했다. 학원 측은 계약서상의 결함을 지적하며, 자신들이 계약을 지킬 필요가 없음을 주장했다. 결국 먼저 약속한 금액의 반을 받고, 원본 파일을 건넨 뒤, 다시 나머지 반을 받는 것으로 합의되었다. 물론, 파일을 건넨 뒤 나머지 반은 받지 못했다. 나는 노동청에 신고하거나 변호사를 찾아가는 방법을 고민했지만, 일이 복잡해지는 게 싫었고, 이대로 그냥 이 일을 과거로 떠내려 보낸 뒤 잊고 싶었다. 결국 원고는 다른 사람에게 넘어가 새로 쓰인 모양이었는데, 끝끝내 '원장 마음'에 들지 않아 출간은 되지 않은 듯했다.

내가 했던 일을 출판업계에서는 '을의 을' 일이라 부른다. 나의 경우는 중간 업체 없이 일을 하긴 했으나, 보통 이 경우 기획사나 에이전시라는 이름을 가진 '중간 회사'가 끼어든다. 학원이

나 회사 같은 '원청'에서 '중간 업체'인 기획사나 에이전시에 일을 맡기고, 중간 업체는 다시 작가나 편집자에게 외주를 준다. 대부분의 사보가 이런 식으로 만들어진다. 최근에는 출판사에서 일반 단행본을 만들 때도, 이런 식으로 중간 업체를 낀 '하청의 하청' 형태가 부지기수다.

외주자인 작가나 편집자는 고용 계약을 맺지 않는다. 그렇기 때문에 근로기준법이 보장하는 다양한 법적인 보호도 받을 수 없다. 4대 보험에서도 대부분 제외된다. 대신 외주자는 업체와 도급 계약을 맺는다. 도급 계약은 완성된 일에 대하여 작업비를 지불하는 것인데, 사실상 회사는 노동자에 대하여 어떠한 책임도 없이 오직 '일의 결과'만을 요구하는 형태라 볼 수 있다.

나는 계약서를 요구하여 졸속으로 쓰인 것이라도 받았지만, 문제는 대부분의 출판업계에서는 외주 계약서 자체를 쓰지 않는 게 관행이라는 점이다. 외주자에게 '갑'인 중간업체, 그리고 특히 '갑의 갑'인 회사나 학원, 출판사 등은 '무제한의 수정'과 '원고 불채택(퇴짜)', '작업비 지급일 지연' 등을 제멋대로 행사한다. 노동 시간에 따른 임금을 지불해야 한다는 대원칙은 실종된다. 약속보다 더 많이 일하고 더 많이 수정해도, 정해진 결과물에 따른 최종 지급비는 변하지 않는다. '을의 을' 입장에서는 다음번 일감도 받아야 생계가 유지 가능하기 때문에, 항의 한번 제대로 할 수 없다.

업체 입장에서 갈수록 많은 일을 외주화하는 이유는 명백하다. 비용을 절감하고, 손쉽게 노동자를 쓰고 버릴 수 있으며, 결과적으로 '어떠한 책임'도 없이 사람을 사용하고 돈을 벌 수 있기 때문이다. 사람을 이용하는데 그 사람에 대한 책임을 지지 않을 수 있다는 것, 이것이야말로 외주화의 가장 큰 매력이다. 책임 없는 자유, 리스크 없는 이익, 일회용처럼 쓰고 버릴 수 있는 인적 자원에 대한 열망이야말로 이 시대의 꿈이자 시대정신이다.

인간 아닌 자들의 세상에서

'책임 없는 자유'는 최종적으로 '죽음의 외주화'로 실현된다. 그나마 출판업계에서는 외주를 '죽음에 대한 위험 회피용'으로 활용하지는 않는다. 과로사할 위험이 없지 않지만, 글을 쓰거나 교정교열을 보다 사망하는 경우는 드물기 때문이다. 고용노동부 발표에 의하면, 2011년부터 2015년까지 주요 업종별 30대 기업에서 사망한 노동자 가운데 95%가 하청 노동자였다. 같은 기간, 원자력발전소에서 일어난 사고의 피해자 90%도 외주업체(협력사) 직원이었다.

2016년 5월, 구의역 스크린도어를 설치하던 청년이 사망한 '구의역 참사' 문제도 이에 해당한다. 원래 반복되던 사고로 인해, 스크린도어 작업에는 반드시 2인이 1조로 참여해야 한다는 규정이 있었다. 그러나 원청에서 시간을 압박했고, 하청업체의 노동자였던 그는 홀로 스크린도어로 향해야 했다. 이 사건은 그가 '청년'이라는 점과 결부되어 더욱 비극적으로 세간에 이슈화되었다. 하지만 이는 수도 없이 일어나고 있는 하청 노동자 사망 사건의 극히 일부에 불과하다.

2017년 5월, 남양주시 아파트 건설 현장에서 타워 크레인이 붕괴하며 3명이 숨졌다. 이유는 어처구니가 없다. 사고 나흘 전, 크레인의 부품 일부가 파손되었다. 원래대로라면 부품을 스페인의 '코만사'에서 주문해야 한다. 그러나 원청인 현대엔지니어링 공사는 하청업체에 '3일 이내에 작업을 재개하라'고 압박했다. 결국 하청업체는 부품을 수입하는 대신, 일반 국내 철공소에 부품 제작을 맡겼다. 당연히 불량 부품은 다시 파손되며 사고가 일어났다. 안전 교육 증명 등도 위조였던 것으로 드러났다.

그 밖에도 2017년 7월 일어난 STX조선해양 폭발 사고에서 하청 노동자 4명이 숨졌고, 3월 삼성중공업 크레인 충돌 사고로 6명이 사망했다. 2016년 10월에는 울산 석유공사 폭발 사고로 2명이 숨졌고, 2015년 7월 울산 한화케미칼 폐수조 폭발 사고에서 6명이 사망했다. 또한 2014년 1월 영광 한빛원전 사고로 2명이 숨졌으며, 2013년 대림산업 화학공장 폭발 사고로 8명이 사망했고, 2012년 LG화학 재료공장 폭발 사고로 8명이 세상을 떠났다. 대부분 원청의 안전관리 부실이 문제가 되었으며, 피해자의 절대다수도 하청 노동자였다. 우리나라 산업 재해 사망률은 OECD 1위를 기록하고 있으며, 2017년 상반기에만 1000여 명이 사망했다. 파견, 용역을 포함하는 비정규직 비율 역시 OECD 최고 수준이다.

몇 가지 사건을 나열하긴 했지만, 이조차도 전체 사고의 일부에 불과하다. 더군다나 그 근본적인 구조는 크게 다르지 않다. 이 모든 사고에서 '인간'은 전혀 고려되지 않았다. 언제나 최우선시되는 것은 '작업의 결과'였다. 그 결과를 창출해 내기 위해서 '인간'은 얼마든지 갈아 넣어도 되는 존재였다. 나치 상부의 지시에 따라, 정해진 결과를 위해 착실하게 일했던 예루살렘의 '아이히만(Adolf Eichmann)'이 어렵지 않게 떠오른다. 나치 집권 아래에서, 그는 모든 일을 효율적으로 처리하기 위해 최선을 다했다. 유대인들을 잘 처리할 수 있도록 분류하고, 효율적으로 살해하는 과정을 충실하게 수행했던 아이히만의 '일 처리 정신'은 하청 노동자들을 죽음의 현장으로 착실하게 밀어 넣고 방기하는 이 시대의 정신과 다르지 않다. 아이히만은 나치의 이익에 복무했고, 책임 없는 외주화는 원청업체의 이익에 복무한다.

인간을 갈아 넣는 이 프로세스 위아래에서, '인간'의 위치는 모호해진다. 외주 노동자는 고용 불안정, 생계 문제, 사고 현장에서의 위험 등 실제로 '생명'을 담보 잡혀 있다. 생명에 대한 권리를 볼모 잡힌 채 이익을 위해 복무하고 있는 인간은 인간이 아니다. 생명권이야말로 헌법에서도 보장하고 있으며, 철학적으로도, 종교적으로도, 윤리적으로도 인간을 인간이게 하는 최후이자 최우선의 권리이기 때문이다. 그는 사회 내에서 없어서는 안 될 필수적인 역할을 하고 있지만, 인간으로서의 권리는 박탈당해 있다는 점에서, 가로등이나 전봇대, 하수도관과 비슷한 존재이다.

다른 의미에서 인간이 아닌 존재는 또 있다. 결국 최상층부에서 이 모든 과정을 지휘하는 존재이다. 그는 오로지 '이익이라는 숫자의 상승'에만 필사적인, 나치에 비유하자면, 나치즘의 상징인 '하켄크로이츠(Hakenkreuz)'가 전 세계에 꽂히는 데만 혈안이 된 나치 지도자와 다르지 않다. 그 과정에서 인간이 얼마나 죽어 나가는지에 대해서는 근본적으로 '무감각'한 것이다. 인간이 같은 인간의 상황이나 처지를 전혀 이해하지도, 공감하지도, 고려하지도 못한다면 이 역시 인간이라 부를 수 없다. 그와 같은 맥락에서, 그 전체 과정을 죄책감 없이 수행하는 원청의 아이히만들 역시 인간의 범주에서 벗어난다.

결국 이 총체적인 프로세스 안에 인간은 존재하지 않는다. 인간은 그저 인간 종(種)이 아니다. 인간이 인간이게끔 하는 하한선들 위에서 인간은 인간이 된다. 대표적으로 인육(人肉)을 먹지 않는다는 전제, 인간이 인간을 살해해서는 안 된다는 금기는 현재 모든 문명권이 공유하고 있는 인간의 하한선이다. 그러나 이 프로세스 안에서 인간은 먹어도 되는 짐승으로 분류되고, 인간이 아닌 자들은 그 먹어도 되는 인간-짐승을 먹음으로써 자신의 생을 유지한다. 이렇게 '책임 없는 자유'는 '인간 아닌 자들의 세상'으로 완성된다.

우리는 '인간의 자리'를 어떻게 상실했나

영화 〈나, 다니엘 블레이크 (I, Daniel Blake, 2016)〉의 주인공 다니엘은 점점 사회에서 쓸모없어지는 노인이다. 그는 평생 성실히 일하며 목수로서 경력과 실력을 쌓아 왔다. 하지만 누구나 그렇듯 몸에 고장이 나기 시작했다. 주치의는 그가 심장병이 있으므로 한동안 쉬면서 몸을 회복해야 한다고 경고한다. 그는 그

말을 듣고 국가에 질병 수당을 신청하지만, 심사에서 탈락하고 만다. 이에 재심사와 항고를 진행하려는데, 관료주의적 절차를 밟아 나가는 게 쉽지 않다. 전화 연결이 잘 되지 않을뿐더러, 온라인 사전 신청 등은 평생 목수 일만 해 온 노인에게는 불가능에 가깝다. 그래서 재심사와 항고 때까지, 구직 수당이라도 받으려 하지만 조건이 까다롭다. 의무적으로 구직 활동을 하고 증명해야 한다. 다니엘은 나름대로 국가가 요구하는 대로 절차를 밟아 나가려 하지만, 번번이 국가가 원하는 방식 그대로를 해내지는 못한다. 국가는 평생 일해 온 한 시민을, 그의 입장에서 배려하고 보살피려 하기보다는, 형식적이고 까다로운 절차를 통해 돈을 타 내려는 구걸자로 만들어 버린다.

주민 센터의 공무원 중에는 나름대로 그를 도와주려는 직원이 있다. 직원은 그가 인터넷 사용 등에 서툴다는 점을 이해하여, 그에게 컴퓨터 사용법을 알려 주려 한다. 하지만 곧바로 그의 상사가 제재를 가한다. '나쁜 선례'를 남기지 말라는 것이다. 일일이 찾아오는 사람들을 도와주다 보면 끝이 없고, 결국 인력 부족에 시달릴 수밖에 없다는 논리다. 인터넷 사전 신청을 비롯한 절차는 반드시 각각의 개인이 스스로 수행해야 한다는 것이다. 다니엘은 주민 센터에서 쫓겨나다시피 하고, 이웃집 청년에게 부탁하여 겨우 수당 신청에 성공한다. 그리고 구직 수당을 받기 위한 구직 활동의 일환으로, 나름대로 동네를 돌아다니면서 공사판 등에 이력서를 나눠 준다. 하지만 국가는 다니엘의 구직 활동이 '증명'되지 않는다는 이유로 지급을 중단한다. 스마트폰으로 사진을 찍거나 스크린샷 등이라도 남겨 와야 하는 게 '절차'라는 것이다. 결국 다니엘은 생활고에 시달리며 집 안의 가구를 팔아 치워야 하는 처지에 이른다.

다니엘 블레이크는 허무하게 죽는다. 고생 끝에 잡힌 항고 날, 재판장에서 재판을 앞두고 화장실에서 숨을 거둔다. 국가는 그의 삶에 관심이 없었다. 단지 더 이상 유용하지 않은 한 존재가 복잡한 절차 때문에, 추가적인 비용 없이 죽었다는 사실을 더 다행이고 효율적이라 여길지도 모른다.

인간보다는 이익이, 삶보다는 효율이, 생명보다는 절차가 중시되는 사회의 단면이 영화에 고스란히 담겨 있다. 인간은 국가와 기업, 그리고 그에 복무하는 인간들이 형성하는 거대한 프로세스 안에서 '인간의 자리'를 잃는다. 실제로 이 프로세스에 참여하고 있는 인간들은 다른 인간을 '인간'으로 실감할 수 없다. 원청의 정규직 직원이나 국가의 공무원 또한 거대한 질서 및 절차 안의 부속품으로서 생명을 위협받는다. 비인간적 시스템에 동화되지 않으면, 하나의 부품으로 충실하게 인간 살해에 동참

하지 않으면, 자신 또한 살해당할 위기에 처한다. 이때 가장 먼저 제거해야 할 것이 타인에 대한 '실감'이다.

우리는 다른 인간에 대한 실감을 통해, 인간을 인간으로 인지하며, 스스로도 인간이 된다. 아이의 발달 과정에서 부모의 포옹이나 손길과 같은 피부 접촉은 정서 발달, 인격 형성, 지능 향상, 뇌 발달 등에 전방위적으로 영향을 미친다. 이후 사회화 과정에서도 가장 중요한 것은 타인의 입장을 상상하고 공감하며, 그에 따른 자신의 행위를 선택할 수 있는 능력을 기르는 일이다. 타인에 대한 실감, 즉 타인을 '실제로 느끼고 이해하는' 과정이 곧 인간이 되는 과정인 셈이다.

최근 우리 사회는 '타인을 느끼는' 일에서 총체적으로 멀어지고 있다. 하청 업체 직원의 인간적 사정에 대한 무감각, 국가 보조에 절차적 어려움을 겪는 시민에 대한 냉정함 같은 것뿐만이 아니다. 아파트 경비원을 짐승 취급하는 데서 아무런 죄책감도 느끼지 못하는 주민들, 동네의 특수학교 건립에 결사 항전하는 사람들, 대학생 기숙사 건립에 반대하는 원룸 주인들은 모두 '타인에 대한 실감'을 기꺼이 포기한 이들이다. 이들에게는 실제로 타인들이 보이지도, 느껴지지도 않는다. 그들을 사로잡고 있는 것은 '자기 이익' 혹은 '자기 보존'이라는 거대한 관념뿐이며, 이에 복종하는 것만이 그들의 생활 수칙이자 삶의 신념이다. 그 신

넘은 정확히 우리가 인간으로 나아가는 방향과 반대편에 놓여
있다.

유리막 너머의 타자

'책임 없는 자유'는 '자기 이익'이라는 관념에 힘입어 '인간 아
닌 자들의 세상'을 구축한다. 타자에 대한 실감을 포기하면서,
우리는 오로지 자기 이익만을 위한 자유를 누릴 수 있게 된다.
아파트 경비실의 냉난방을 차단하고, 특수학교 자리에 한방 병
원을 들여앉히고, 대학생들에게 값비싼 주거비를 떠안길 때, 우
리에게 남는 것은 약간의 이익이다. 그 이익은 한 끼 밥을 사 먹
을 정도일 수도 있고, 차 한 대 값일 수도 있다. 어느 쪽이든 그
이익이 우리 삶에 절대적인 영향을 주지는 않는다. 대신, 그 이
익으로 인해 타자가 입는 폭력은 인생 전체를 뒤바꾸거나 삶 자
체를 앗아갈 수도 있다.

자기 이익은 우리 삶의 대원칙이 되었다. 사소한 인간관계에
서도 장기적으로 나에게 도움이 될 사람만이 추려진다. 결혼 문
제에서도, 당사자와 양가의 손해와 이익을 따져 합의하는 것은
가장 중요한 절차다. 우리가 가장 견딜 수 없는 것은 모욕감도,

외로움도, 박탈감도 아니다. 갑질에서 오는 모욕감도, 고시원 생활에서 오는 외로움도, 외지 발령에서 오는 박탈감도 궁극적으로 자기에게 '이익'이 되는 일이라면 견딜 수 있다. 오히려 '손해 보는 일'이야말로 인생에서 일어날 수 있는 가장 끔찍한 일이다. '손해 본다는 느낌'만큼 우리의 영혼을 뒤흔들며 증오와 분노에 휩싸이게 하는 것은 없다.

그렇게 보면, 자기 이익이야말로 우리 시대에 가장 성행하는 신앙인 셈이다. 자기 이익은 인간 사이사이에 들어찬 반투과 유리막과 같다. 우리는 좀처럼 그 유리막 너머의 진짜 타자를 만날 수 없다. 아니, 굳이 그 타자를 보려고도, 만지려고도 하지 않는다. 대신 더 두껍게 유리막을 쌓아 올리면서 '자기 이익'에 복무하는 자폐적 상태의 쾌락을 즐긴다. 오직 나의 이익에 복무하는 데서 오는 즐거움, 그것이 설령 타자의 희생과 절멸에 기반을 두더라도, 나는 나의 이익 속에 있기를 원한다. 가장 가까운 지인들조차, 심지어는 가족조차 '이익과 손해'라는 잣대로 평가된다. 자신에게 '이익'을 주지 않는 지인이나 가족이라면 절연해도 상관없다.

흔히 우리 사회를 '각자도생(各自圖生)의 시대'라 부를 때, 이는 정확히 각자가 속해 있는 자폐적인 이익 공간을 가리킨다. 우리는 골방에서 오직 신을 향해서만 기도하며 방언을 읊을 뿐 그

외의 모든 타인들을 거부하는 광신도(狂信徒)와 같이 자기 이익이라는 신에 복무하고자 한다. 자기 이익이라는 광적인 관념은 유대인들을 질식시켜 죽일 때 나치의 머릿속에 들어차 있던 하켄크로이츠, 마녀들을 불태울 때 중세 기독교인의 뇌리를 지배하고 있던 십자가, 광주 시민을 학살할 때 학살자의 상상을 사로잡고 있던 피투성이 권력욕과 다르지 않다.

자신과 타자를 가로막고 있는 유리막을 허물 때만, 우리는 인간이 된다. 실감은 우리의 일부를 타자에게 내어주는 것이다. 나를 기울여 타자에게 건네고, 나에게 몸을 기댄 타자를 받아들이면서, 인간과 인간은 이어진다. 인간이란 그러한 타인들과의 이어짐 속에 있는 존재다. 타인과 단절되어 자기의 관념 안에만 갇힌 채의 인간은 애초부터 성립될 수 없다. 독방에서 홀로 태어나 평생을 홀로 살아가는 존재를 상상할 수 있는가? 그런 존재의 감정과 생각, 삶의 과정이라는 것을 떠올릴 수 있는가? 언어와 감정을 토대로 한, 자아 정체성과 삶의 주체라는 것은 타자라는 전제 없이는 애초부터 불가능한 것이다.

우리 시대의 비-인간들은 두꺼운 유리막 속에서 형성된다. 원청은 유리막 너머로 돈을 던져 주고, 지편에서 완성된 작업이 다시 던져지길 기다린다. 그 너머에서 사람들이 절규하든, 죽어나가든 관심이 없다. 모든 것은 유리막 너머의 일일 뿐이다. 중요한 것은 유리막 이쪽의 만족뿐이다. 마찬가지로, 유리막 너머에서 병든 노인이 수당을 지급받지 못해 고독사하든, 아파트 경비원이 추위에 떨다 손발에 동상이 걸리든, 특수아동 부모가 무릎을 꿇고 애원하든, 삶을 시작하는 대학생이 원룸 보증금에 빚더미에 앉든 상관하지 않는다. 이들은 유리막 너머에서 날아오는 동전 한 푼에 미소 짓고, 그 밖의 인간들은 잊어버린다. 그럼으로써 스스로가 인간이라는 사실조차 망각한다.

'인간 그 자체'에 대한 열망

2016년 겨울, 추운 시절이었지만 우리 사회는 뜨거웠다. 사람들은 저마다의 불꽃을 그러쥐고 거리로 나섰다. 캄캄한 어둠이 가득한 시간이었지만, 온 세상은 붉은 열기로 가득했다. 그 불꽃은 우리 안의 무언가를 녹아내리게 만들고, 동시에 우리 마음의 무언가에 불을 지폈다. 매주 100만 명의 시민들이 주말을 반납하며 거리로 쏟아져 나왔다. 그 내적인 동기는 저마다 다를 수 있지만, 하나 확실한 것은 그 일이 '자기 이익'과는 별로 관련이 없었다는 점이다. 우리는 자기 이익이라는 유리벽을 허물어뜨리고, 광장으로 나섰다.

국가는 '자기 이익'이라는 자폐적 삶의 정상에 이른 이들에 의해 난도질당했다. '국정 농단'이라는 초유의 사태는 다름 아닌 모든 시민의 것이어야 할 이 사회와 국가를 특정인들이 자신의 이익만을 위해 이용한 사건이었다. 사람들의 분노는 정확히 공적이어야 할 것이 사적으로 남용되는 사태를 향해 있었다. 사실, 우리는 알고 있었던 것이다. 우리가 각자의 절망의 공간으로, 각자도생의 자폐성으로, 타자들을 절멸시키고 자기 안으로 유폐되는 것이 결코 '정답'은 아니라는 사실을 말이다. 국가 원수인 대통령에 대한 분노는 사실 우리 삶을 지배하고 있는 시대정신에 대한 분노이기도 했다.

우리 모두는 우리를 지배하고 있는 시대의 수칙이, 강요받고 있는 일상의 형태가, 내몰리고 있는 삶의 조건이 비인간적이라는 사실을 알고 있었다. 실상 분노는 스스로가 인간으로 살 수 없다는 것, 인간으로서 인간의 삶을 포기해야 한다는 사실을 향해 있기도 했다. 그 '인간일 수 없는 삶'은 몇 푼 때문에 스스로 타인에 대한 공감을 차단해야 한다는 것, 타인의 생명을 갉아먹고 있다는 사실을 알면서도 애써 외면해야 한다는 것, 또 스스로가 삶을 갉아먹히며 누군가에게 짐승처럼 착취당하고 있다는 것을 포함한다. 우리의 분노는 인간다운 삶을 향한 절규이기도 했다. 인간이고 싶지만 인간일 수 없는 사회, 사회라고도 부를 수 없는 사회에 대한 절망이 분노가 되어 광장에 흘러넘쳤다.

나도 홀린 듯 주말이면 광화문을 향했다. 머릿속은 그 시간에 해야 할 일들이 커피 찌꺼기처럼 가득 차 있었다. 그 시간이면 영화를 한 편 보고 글을 써서 언론사에 기고할 수도 있고, 번역 아르바이트를 받아 약간의 돈을 벌 수도 있다. 하다못해 좋아하는 사람들을 만나 술 한잔을 기울일 수도 있고, 주말이니 교외로 여행을 떠날 수도 있다. 광장에 나서서 머릿수 하나를 채우는 것보다는, 여러모로 나 자신에게 이득인 일이었을 것이다. 하지만 이상하게도 그러고 싶지 않았다. 그 일들에 서려 있는 '자기 이익' 혹은 '자기만족'에 대한 관점이 거북하게만 느껴졌다. 그로부터 벗어나고 싶었다.

광장에는 자기 이익이 들어찰 여유가 없었다. 거기 어디에도 '책임 없는 자유'의 흔적은 없었다. 오히려 그들 모두는 자유에 대한 책임으로, 자기 이익에 대한 거부로, 그 모든 것을 넘어선 어떤 열망으로 자리에 나서 있었다. 그 속에는 명백하게도 타자에 대한 실감이 있었다. 비록 그곳에 모인 사람들과 일일이 육성과 눈빛을 교환한 건 아니었지만, 그곳에 다름 아닌 '인간'이 있다는 것, 인간이 되고자 열망하기에 인간인 바로 그 존재들이 있다는 것을 확신할 수 있었다. 우리 인간들을 이어 주는 것은 '인간 그 자체'에 대한 열망이었다. 우리가 바란 것은 인간이 인간으로 살 수 있는 사회 그 자체였다.

　어느덧 그 겨울도 과거가 되었다. 나는 그 이후의 내 삶이 달라졌는지를 수시로 묻곤 한다. 나도 여전히 인간 아닌 자의 대열에 합류하고 있는 건 아닌지, 적어도 그 사실을 알고 있는지, 조금은 더 인간이 되고자 애쓰고 있는지를 묻는다. 하나 확실한 것은 이 시대에 인간이 되는 일이 쉽지 않다는 점이다. 그러나 가능하다면, 이 한 번뿐인 삶을 더 인간에 가깝게 살아 내고자 하는 소망을 포기하고 싶지는 않다. 그러기 위해서는, 끊임없이 나를 허물고 나의 입장에서 벗어나는 연습을 해야 한다는 사실도 알고 있다. 그래서 언젠가 내 삶을 되돌아보았을 때, 적어도 이 삶이 '인간의 삶'이었다는 확신을 느끼게 된다면, 그보다 더 인간적인 만족감은 없으리라.

나는 결국 아이 이름을
'린'으로 지었다

김민섭

2014년 여름, 나는 학회에 제출할 논문에 매달려 있었다. 마감일이 얼마 안 남기도 했지만 아이의 출산 예정일을 앞두고 있었기 때문이다. 아이가 태어나면 논문을 이어서 쓰기는 힘들 것이고 그러면 발표가 몇 달이 더 밀릴지 기약할 수 없었다. 그 이전까지는 논문을 마무리 지어야 했다. 어차피 방학 중이라 강의도 없고 해서 아내가 안방에서 자는 동안 거실 테이블에 자료를 쌓아 두고 논문을 써 나갔다.

　예정일을 며칠 넘기고도 아이는 나올 기미가 없었다. 다행인지 불행인지, 내 논문도 그랬다. 산부인과에서는 슬슬 유도 분만을 시도해 보는 게 어떻겠냐고 이야기했지만 나로서는 아이가 늦게 나오겠다는 것이 내심 고마웠다. 될 수 있으면 좀 늦게 보자, 하는 심정이었다. 예정일을 넘긴 일주일째 되던 날 새벽에, 아내가 배가 아프다면서 나를 불렀다. 병원에 가야 하나 고민했지만 당직 간호사와 전화를 주고받은 아내는 조금 더 참아 보겠다며 자리에 누웠다. 아무래도 이제 정말로 논문을 보내야 할 때가 된 것 같았다. 그래서 조금은 더 독한 마음을 먹고 거실로 나왔다. 결론 몇 문단만 더 쓰면 될 것이었다. 유도 분만이 필요한 건 아내가 아니라 오히려 나였다.

어둠이 걷힐 무렵, 마지막 문장을 쓰고 마침표를 찍었다. 내가 먼저 아이를 낳았다. 나도 아내만큼이나 몇 개월을 몸에 품고 있었던 글이다. 새벽에 만세를 부르고 있는데, 아내가 얼굴을 잔뜩 찌푸리고는 안방 문을 열고 나왔다. 병원에 가자고 해서 나는 자동차 열쇠를 챙겼다. 그때서야 비로소 두려움이 몰려왔다. 병원에 간 지 30분 만에 첫 아이가 세상에 나왔다. 간호사가 건네준 가위로 마치 물고기의 부레 같은 탯줄을 덜덜 떨며 잘랐다. 출산은 상상한 것처럼 숭고하거나 엄숙하게 진행되는 일이 아니었다. 저러다 사람이 죽을 수도 있겠구나, 싶었다. 남들은 순조로운 출산이었다고 하지만 갈비뼈에 금이 간 아내는 하루 종일 누워서 앓았다. 이를 얼마나 악물었는지 입 근처 실핏줄이 다 터져 있었다.

우리 사회를 지탱하는 감각

아이 이름을 '린'이라고 지었다. 그러니까 외자로 '김 린'이었다. 내가 쓰던 논문의 제목은 〈'린'으로 사회를 번역하다〉였다. 이름의 뜻을 묻는 아내에게 "'사회'라는 단어를 '이웃 린'이라는 글자로 번역하려는 사람들이 있었어. 나는 아이가 사회적인 사람이 되었으면 해. 그건 다른 사람의 처지에 공감하고 먼저 손을 내밀 줄 아는 사람이라는 뜻이야." 하고 설명해 주었다. 그런데 아내는 별로 내키지 않아 보였다. 공부하는 인간들이 다 이렇지, 하는 표정으로 나를 바라보았다. 당황한 나는 논문과 아이가 거의 같은 시간에 태어났으니 우리에게도 특별한 의미가 있을 것이라고 덧붙였지만, 아내는 사주를 보고 지어야 아이가 무탈하게 크지 않겠느냐고 답했다. 나는 매주 교회에 나가는 아내의 얼굴을 멍하니 바라보았다.

나는 근대 문학 연구자였다. 주로 1910년대의 학생/유학생들이 만든 잡지를 읽고 논문을 썼다. 1910년대는 젊은 지식인들이 기독교를 구심점으로 조선이라는 국가를 재건해 보려 애쓰던 시기다. 그들은 그것이 계몽, 개혁, 개조, 혁명, 예술, 문학 같은 것들처럼 근대로 이행하는 수단이 될 것이라는 기대와 믿음을 가졌다. 특히 도쿄에서 유학하고 있던 젊은 지식인들은 '기독교 청년회'를 중심으로 모여들었다. 이 시기에는 조선에서 대학 교육을 받을 수 없었으니까, 공부를 하고 싶은 이들은 대개 유학을 선택했다. 이미 1000여 명이 넘는 조선의 청년들이 도쿄에 있었다. 당연하지만, 그들은 똑똑했다. 이 시기를 회고한 글들을 읽다 보면 "일본 교수들은 조선 학생들만큼 열심히 공부해 보라며 일본 학생들에게 화를 냈다."는 식의 서술이 등장한다. 시기는 조금씩 다르지만 '조선 삼재'라고 불린 이광수, 최남선, 홍명희가 모두 도쿄 유학생 출신이다. 이들은 잡지를 창간하고 거기에 글을 썼다. 그 글을 '연구, 논문, 평론'이라고 부르면서 자신들이 근대의 최전선에 있음을 스스로 자랑스러워했다. 그런 근대 초기의 유학생들을 규합한 것이 그 지역의 조선 기독교 청년회였다. 나는 그들의 기관지인 『기독청년』으로 석사학위 논문을 썼다. 교회에 다니는 것도 아니면서 여러 자료를 참 즐겁게도 읽었다.

1919년 2. 8 독립선언 이후 유학생 조직은 일시적으로 와해된다. 기독교로 조선의 근대화를 이끌 수 있을 것이라는 믿음도 약해지고, 사회주의로 전향을 선언한 이들이 많아졌다. 1920년대에 이르러서는 더 많은 유학생이 모여들게 되지만 이제는 '사회적'인 것에 관심을 갖는다. 잡지 『기독청년』도 이름을 『현대』로 바꾸면서 "종교보다는 현대적(사회적)인 것"을 다루겠다고 선언한다. 그러나 그들 역시 사회와 사회주의가 무엇인지는 잘 몰랐다. 그것은 새로운 개념의 근대어였고 나름의 번역이 필요했다. 1910년대의 젊은 지식인들은 사회(society)라는 단어를 이해하기 위한 노력을 기울인다. 특히 『현대』의 편집자였던 최승만은 그것을 어떻게 번역해야 할까를 깊이 고민했다. 그를 비롯해 "(인간은) 어떻게 살아야 할까?"를 고민하던 식민지 시기의 젊은 지식인들은 동정, 사랑, 애련, 측은과 같은 단어들을 끌어들였다.

> "(사회를 구성하는 한 인간은) 자기를 기초로 타인을 동정하며 애련과 측은의 감정으로 타인의 희생이 되어야 한다."
>
> –최승만, 『현대』, 1920

요약하면, 사회라는 것은 타인에 대한 동정과 사랑을 기반으로 하는 것이다. 특히 동정은 타인이 아니라 자기 자신을 기초로 하는 것이어야 한다. 불우한 처지에 놓인 타인을 보며 흘리는 눈물은 단순히 애련과 측은의 감정 때문이 아니다. 오히려 자기 자신이나 사랑하는 이들이 언제든 그러한 처지가 될 수 있다는 감각의 작용이다. 굶주리는 지구 반대편의 아이를 보며 내가 지금 저 아이라면 얼마나 힘들까, 저 아이를 바라보는 부모라면 어떠한 심정일까, 하는 질문을 타인이 아닌 스스로에게 던지고 아파

하는 것이, 그리고 나는 저들을 위해 무엇을 희생할 수 있을까, 하는 고민을 하는 것이 인간이 가진 동정의 감각이 된다. 이것이 여전히 우리 사회를 무너지지 않게 지탱하고 있는 것이다.

타인의 처지에서 사유하는 삶의 태도, 100년 전의 젊은 지식인들은 이러한 동정의 감각이 사회를 이루는 기본 원리라고 믿었다. 그래서 최승만은 "린이라는 말은 현대말로 하면 사회라고 할 수 없을까 합니다."라면서, 한자 '이웃 린(隣)'을 사회라는 단어와 치환시켰다. 『현대』라는 잡지의 연구는 문학사에서도 교회사에서도 거의 다루어지지 않았다. 그래서 사회의 역어로 제시된 '린'이라는 단어 역시 딱히 어느 연구자의 관심사가 아니었다. 평범한 연구자인 나의 논문이 학계의 주목을 받을 일은 별로 없을 것이어서, 나는 아이의 이름을 린으로 짓는 것으로 그것을 기억하고자 했다.

아이가 태어나고 며칠 뒤, 어머니가 나에게 몇 장의 종이를 내밀었다. 아이 이름 네 개가 적혀 있으니 그중 고르라는 것이었다. 작명소에서 50만 원을 주고 지어 왔다고 했다. 나는 아이의 이름은 '린'으로 정했으니 되었다고 했지만, 어머니는 사람 이름은 사주를 보고 지어야 탈 없이 큰다고 했다. 어디서 한 번 들어 본 익숙한 말이었다. 옆에서 고개를 끄덕이는 아내가 무척이나 야속했다. 내 아이의 이름을 대신 지어 주었다는, 우리 가족이 얼굴 한 번 볼 일도 없을 작명소 주인에게 전화를 걸었다. 그는 린이라는 이름이 요즘 젊은 부부들에게 유행인 것 같다면서, 예쁜 이름을 남들 따라 지으려는 마음은 이해하지만 그러면 안 된다고 했다. 그에게 린이라는 이름이 나와 아이에게, 우리 가족에게 갖는 의미를 굳이 설명하고 싶지는 않았다. 그가 '하린'이라는 이름을 추천해 주기는 했지만 '이웃 린'이라는 한자를 쓰는 것도 아니었고 그 이름을 쓰면 부모가 세상을 빨리 떠난다는, 그런 해석도 덧붙였다. 단순히 '린'이라는 이름을 유행 따라 짓지 못해 안달이 난 인간으로 나를 대하는 그와 더 이상 대화를 이어 가고 싶지 않아서 의미 없는 말을 적당히 주고받고는 전화를 끊었다. 그러고는 결국 "이번 한 번은 내 말을 들어라."는 어머니 말씀에 '그동안 딱히 말을 안 들은 건 없잖아요.' 하는 생각을 하며, 아이 이름을 '대흔'으로 골랐다. 그래서 아이의 이름은 김린이 아니라 김대흔이 되었다.

아이 이름을 고민하면서, 나의 삶도 바뀌었다.

아이가 태어난 날, 나는 그 아침에 거리로 나갔다. 아버지가 될 수 있을지 자신이 없어서 막막하고 외로웠다. '시간강사 / 국문학 연구자 / 박사 수료생'이라는 직함으로는 아내에게 100만 원 남짓한 생활비를 가져다주는 것이 전부였다. 그에 더해 미루어 두었던 혼인신고를 해야 할 텐데, 그러면 그때부터는 건강보험료를 납부해야 한다. 대학에서 비정규직 자격으로 강의하고 연구해서는 한 가족을 먹여 살리는 일도, 직장 건강보험을 보장받는 일도, 모두 불가능했다. 완성한 논문을 학회에 보내면서, 역설적으로 논문 쓰는 시간을 줄이기로 마음먹었다. 그날 아침에 한참을 걷다가 4대 보험을 보장한다는 구인 공고가 걸린 패스트푸드점에 들어갔고 거기에서 물류 하차 일을 시작했다. 약 1년 반 뒤에는 대학을 그만두고 나오게 되었는데, 그 전후 사정에 대해서는 『나는 지방대 시간강사다』(이하 '지방시')라는 책과 여러 글에서 다뤘다. 여기에서는 다만, 아이의 이름 짓기를 고민하던 일이 그 후 나의 삶에 어떤 영향을 주었는가, 쓰고 싶다.

패스트푸드점에서 나의 직책은 '메인터넌스'였다. 물류 하차를 포함해 매장의 유지, 보수 등을 맡아서 했다. 일이 힘들어서 대개 3개월을 못 넘기고 도망간다는데, 나는 1년 3개월 동안 하루도 빠지지 않고 출근했다. (감자 박스를 옮기다가 넘어져서 약 한 달 동안 일을 쉬기는 했지만.) 처음에는 내가 곧 그만둘 것으로 알았던 매니저들도 점차 나를 신뢰하기 시작했다. 근무가 없는 날에 연구실에서 논문을 쓰고 있으면 전화해서 "우리 양파 소스가 어디에 있을까요, 알 만한 분이 민섭 님밖에 없어요." 하고 묻기도 했다. 나는 강의동 밖으로 나와 "아아, 그거 이틀 전에 들어왔는데 선반 어디에 두었어요." 하고 답하고는 한참 쿡쿡대며 웃고 다시 들어가곤 했다.

그런데, "햄버거를 만드는 공간이 지식을 만드는 공간보다 사람을 더 위하는 것은 슬픈 일이다." 하고 '지방시'에 쓴 것과는 별개로, 건강한 노동은 나에게 전에 없던 새로운 감각을 일깨워 주었다. 새벽부터 점심까지 일을 마치고 오후 수업에 들어가면 다리가 후들거릴 만큼 힘이 들었다. 그런데 오히려 학생들을 보는 시야가 이전보다 넓어졌다. 타인을 조금 더 따뜻하게, 오래, 바라볼 수 있게 되었다. 맥도날드에서 만난 평범한 크루들 모두가 주방에서, 배달 오토바이에서, 휴게실에서, 건자재실에서, 밝고 명랑했다. 그들을 닮은 강의실의 학생들을 보면서도 "아, 저 학생도 삶을 영위하기 위해 어느 자리에서 분투하고 있겠구나." 하고 존중하게 되는 것이었다. 이것은 이전과는 다른 '공감'이었다. 그리고 그것이 비로소 '린', 타인의 처지에 깊이 공감하는 삶의 태도인 것을 알았다.

갓 태어난 아이의 이름을 고민하면서, 새로운 노동을 시작하면서, 비로소 "나는 어떻게 살아가야 하는가?" 하는 질문을 스스로에게 던질 수 있었다. "우리는 어떻게 살아가야 하는가?" 하는 물음표를 가지게 된 것도 그즈음이다. 연구실에 앉아서 100년 전의 세상을 바라보기는 쉬웠지만 거기에서 벗어나서 나와 내 주변을 돌아보는 데는 너무나 오랜 시간이 걸렸다. 대학에서 인문학을 연구하고 가르쳐 온 한 인간으로서 무척 부끄러운 일이다. 결국 그 물음표들이 나를 대학에서 벗어나게 해 주었다. 나는 지금도 "왜 대학에서 나왔어요?" 하는 질문들에 여러 이유를 대지만, 종종 웃으면서 "애 때문이죠 뭐." 하고 답한다. 확실히 '린'이라는 이름을, 단어를, 고민하면서부터 나의 삶은 급격히 바뀌었다.

내가 부정하고 외면한 이들이 있었다

사실 대학(원)을 나온 것이 내가 처음은 아니었다. 박사부터 석사 수료생까지, 여러 선후배들이 그러한 선택을 했다. 그런데 공부가 힘들어 도망간 사람은 내가 알기로는 거의 없다. 대개는 즐겁게 강의하고 연구하고 공부하던 이들이다.

어느 선배는 논문을 참 잘 썼다. 그처럼 글을 잘 쓸 수 있으면 얼마나 좋을까, 하고 나를 비롯해서 많은 후배가 부러워했다. 그의 강의를 듣고 문학을 전공으로 선택한 학부생도 많았다. 그가 1학년을 대상으로 한 필수 교양 과목을 가르칠 때는 그 어느 때 보다도 많은 학생들이 1지망으로 문학을 썼다. 그는 학생에게도 후배에게도 선망의 대상이었다. 그와 함께 연구 프로젝트를 진행하면 얼마나 즐거울까, 하는 상상도 여러 번 했다. 그런 그가 어느 날 후배들에게 커피를 한잔하자고 했다. 그래서 시내의 커피숍에 모두가 모였다. 그는 그 자리에서 대학을 그만두겠다고 선언했다. 그 이유를 구구절절 쓰기는 어렵지만, 적어도 공부가 힘들어서는 아니었다. 다만 "대학이 이런 곳인 줄 그동안 잘 몰랐다."라고 그는 토로했고, 우리는 묵묵히 들었다. 자신이 신뢰하던 여러 교수들과 있었던 일들을 그는 꽤나 담담하게 이야기했다. 별로 믿고 싶지 않은 내용들이었다. 다음 날부터 그는 자신의 연구실에 나오지 않았다.

그의 빈자리는 컸다. 그를 롤모델 삼아 공부하던 후배들은 힘이 빠졌다. 나도 덩달아 우울해졌다. 그러나 곧 그 자리를 누군가 대신했고 모두가 그를 잊어 갔다. 그리고 놀라울 만큼, 그 누구도 어느 자리에서도 그를 언급하지 않았다. 마치 조직의 '금기어'가 된 듯했다. 간간이 우리는 "교수님들께서 그러셨을 리가 없어."라고 하거나 "공부가 당연히 힘든 거지 그걸 못 참고 나가냐."라는 식으로 말했다. 그러니까, 그를 부정하고 외면하고 비난하는 것이, 우리가 그를 소비하는 방식이었다. 그 이후에도 몇 명이 더 대학원을 나갔다. 그때마다 남은 사람들은 버티지 못한 그의 나약함을 비난할 뿐, 그를 동정하는 일조차 별로 없었다. 나는 거기에 가담했다.

대학원이라는 조직에 10년 넘게 자신의 청춘을 바쳐 온 젊은 연구자들은, 자신들이 잘못되었다고는 생각하지 않았다. 자신의 주변이 잘못되었다고도 생각하지 않았다. 그래서 잘못된 사람이 나간 것, 이라고 간편하게 규정지어 버렸다. 나 역시 그랬다. 같은 처지에 놓인 이가 한 절박하고 극단적인 선택을 보면서도 응원과 지지보다는 외면과 비난을 택했다. 나는 그들에게 공감하기보다는 조직의 논리에 공감했다. 나를 감싼 구조가 잘못되었음을 의심하지 않았고 불편함을 느끼는 이들이 잘못되었다고 믿었다. 나는 그렇게 주변인들과 함께 괴물이 되어 갔다. 누군가의 면전에서 퍼붓는 욕설이나 물리적 폭력만이 무기가 아니다. 외면하는 것 역시 당사자에게 겨누는 날카로운 칼이 된다.

그날 커피숍에서 나의 선배는 누군가 한 사람 자신에게 손을 내밀어 주길 바랐는지도 모른다. 그러나 그날 들릴 듯 말 듯 작은 한숨만을 내뱉었던 우리는 그 이후에도 손을 내밀지 않았다. 그를 그저 버티지 못한 나약한 인간, 잘못 선택한 인간 정도로 동정하는 데 그쳤을 뿐 자신이 그러한 처지에 놓여 있음을 떠올리지 않았다. 그래서 내가 대학에서 나올 때, 그리고 나왔을 때, 나를 비난하던 이들이 원망스럽지 않았다. 만약 다른 이가 '지방시'라는 글을 썼다면 나는 그를 비난하거나 외면하는 데 앞장섰을 것이기 때문이다.

정의는 자신의 영역에서부터

많은 사람이 '정의로움'과 '대의'를 말한다. 인간은 어떻게 살아가야 하는가, 하는 문제에 대해 무척 쉽게 대답한다. 그러나 그들이 자신의 영역에서 얼마나 그러한 인간으로 살고 있는가는 의문이다. 내가 아는 대학원생 K는 2016년 겨울, 광장에 서지 않았다. 30대 역사학 연구자인 그는 최순실의 국정 농단에 그 누구보다도 분노했지만 여전히 연구실에만 있었다. 시국 선언을 하고 광장으로 나간 자신의 지도교수 때문이었다.

K는 지도교수를 두고 "정작 대학에서는 자신이 최순실이면서 부끄러움을 모른다."고 말했다. 그러면서 페이스북 계정에 다음과 같은 내용의 글을 올렸다. "촛불이 타오른다고 해서 내 앞에 놓인 문제들이 결코 해결될 것 같지 않다. 나에게는 이미 일

상이 식민지다." 대학원생 K의 페이스북 게시물은 그가 밝힌 하나의 촛불이었다. 그러나 그 불빛은 그의 친구들에게만 가서 닿았다. 게시물의 범위를 '친구 공개'로 설정해 두었기 때문이다. 책을 내기 전 내가 〈나는 지방대 시간강사다〉라는 글을 연재할 때도, 그것을 전체 공개로 공유한 대학원생은 많지 않았다. "지도교수님도 보는 페이스북 계정이라 차마 '좋아요'를 누르지 못했어요. 하지만 정말 많이 응원합니다."라는 메시지를 몇 차례 받았다. 그만큼 촛불을 밝히는 일도, 누군가의 촛불을 나누어 받는 일도, 일상의 식민지를 살아내는 이들에게는 쉽게 허락되지 않는다. 만약 K의 지도교수가 K와 같은 대학원생들의 처지에서 사유하고 그들의 아픔에 공감할 줄 아는 인간이었다면, 대학원생들은 광장에서 그의 옆에 서기를 마다하지 않았을 것이다. 그러나 그는 그들에게 또 다른 최순실로 규정되었을 뿐이다. 어쩌면 광장에서 촛불을 들었던 많은 이들이, 사실은 자신의 공간에서는 국정 농단의 여러 주범들과 다를 바 없는 인물들인지도 모른다. K가 아는 많은 선배 연구자들이, 특히 교수들이 시국 선언문에 서명했다. 그들은 어느 한 개인의 삶과 그를 둘러싼 구조를 식민지로 만드는 데 일조하고서 태연하게 광장으로 나갔다.

　K의 지도교수가 특별히 '나쁜 인간'은 아닐 것이다. 나는 그가 잘못된 일에 분노하고 행동할 줄 아는 보통 사람이라고 믿는

다. 그는 먼 곳에서 벌어지는 악에는 쉽게 공감했지만 주변의 악에는 눈을 감았다. 피해자와 자신을 동일시하며 가해자를 비난하기는 쉽다. 그러나 이러한 공감 능력은 주변으로 시선을 옮길수록 오히려 퇴행한다. 어느 잘못된 구조 안에서 자신이 가해자의 위치에 있는 것을, 그래서 필연적으로 피해자가 발생하는 것을 제대로 들여다보지 못하고 그것을 관습이나 합리화로 덮어버린다. 그래서 최순실을 비난하는 또 다른 최순실들이 여기저기에 존재하게 된다.

'재심 전문 변호사'로 잘 알려진 『지연된 정의』의 박준영 변호사는 얼마 전 〈대학의 정의를 묻다〉라는 토크콘서트에 참석해 여러 대학원생과 시간강사의 이야기를 가슴 아프게 듣고는, 모두의 가슴에 남을 한마디를 했다. "그렇게 정의롭다는 교수들이, 어째서 자기 공간에서 벌어지는 일에는 정의롭지 못한 겁니까? 사실 문제를 해결할 수 있는, 가장 힘이 있는 사람들이잖아요." 나는 그의 지적에 동의한다. 정의로움, 그것은 가장 가까운 타인에게 공감할 수 있는 능력이 있는가 없는가 하는 문제에서 시작된다. 언제부터인가 나는 장황하게 정의를 늘어놓는 이들을 별로 신뢰하지 않게 되었다. 그들이 자신의 영역에서부터 그 정의를 제대로 실현하고 있는지를 살핀다.

'공감'이라는 모닥불을 가슴에 피워

무엇이 우리를 인간이게 하는가, 하고 나에게 묻는다면 저마다 가지고 있을 '린'이라고 답하고 싶다. 그것은 자신을 기초로 타인을 동정하는, 우리 사회를 여전히 지탱시키는 감각이다. 어쩌면 "인간은 어떻게 살아야 하는가?"라는 질문 앞에서 백 년 전의 젊은 지식인들이 가진 인간과 사회에 대한 감각이, 지금 우리의 그것보다 더 '인간적'이고 '사회적'이었다. 그들은 타인의 처지에서 사유하고 공감하는 것을 동정의 원리로 이해했고, 그러한 인간들이 모여 사회를 이루어야 한다고 믿었다. 물론 그들이 실제로 그러한 삶을 살았느냐고 하면 간단히 답할 수는 없다. 그 시기에 동정의 감각에 대해 많은 글을 남긴 소설가 이광수는 실제로는 자신만을 깊이 동정했다. 그들이 사회라는 단어를 번역하기 위해 고민했던 만큼 스스로의 삶을 살아 냈다면, 백 년 후 오늘날 우리의 삶도 조금은 더 인간다울 수 있었을 것이다.

한 존재의 이름을 고민하는 것은 그가 한 인간으로 이 사회에서 어떻게 살아갈 것인가를 고민하는 일이 된다. 나는 아이의 이름을 결국 '린'으로 짓지 못했다. 그러나 그가 그러한 인간으로 이 사회에 존재해 주기를 바란다. 내가 하지 못한 일을 아이에게 기대하는 것 같아 민망하지만 정말로 그런 '사회성 있는' 인간이 되어 주면 좋겠다.

아이의 이름을 지으며 다시 살펴본 나의 이름에는 '화락함 (민)'과 '모닥불(섭)'이라는 뜻이 있었다. 나는 이것을 '모닥불 앞에서 서로 즐겁게 어울리는 것'으로 해석하기로 했다. 물론 자녀의 무탈함을 바라며 사주를 참조하기는 했겠으나, 아마 내가 그랬듯 나의 아버지와 어머니도 자식의 이름을 짓기 위해 많이 고민했을 것이다. 두 분이 나에게 기대한 불꽃의 크기는 어느 정도나 될지, 나는 알 길이 없다. 그러나 거창한 불을 피우고 싶지는 않다. 기름을 끼얹어 잠시 불을 크게 만들고 싶지도 않다. 다만 아주 작은 모닥불을 피워 두고, 내 주변의 사람들과 함께 도란도란 이야기 나누고 싶다. 멋진 표정을 짓고 현학적인 단어를 사용하며 자기 자랑만을 서로 늘어놓는 것이 아니라, 한쪽 무릎이든 팔꿈치든 서로 스치듯 맞대고는 쓸데없는 너와 나의 이야기를 주고받고 싶다. 나는 네가 되어 너를 듣고, 너는 내가 되어 나를 들이 주었으면 한다. 네가 되어 "나는 지금 괜찮을까?" 하고 묻는 것이, 너와 나의 관계뿐 아니라 이 사회를 지탱해 나가는 힘이 될 것이다. 더불어, 지나가는 이들에게 손을 내밀어 불을 쬐고 가라고 말을 건네고 싶은데, 아직 그럴 만한 용기는 없다. 그래서 나의 아이에게 그것을 바란다. 그가 '공감'이라는 이름의 적당한 크기의 모닥불을 자신의 가슴에 피워 두고, 이를 바탕으로 타인의 처지에서 사유하고 먼저 손을 내밀 수 있는 한 인간이 되어 주기를 바란다.

이 글을 쓰는 동안, 얄궂게도 둘째 아이가 태어났다. 그의 이름을 '린'으로 지었다. 이제 200일을 갓 넘긴 아이의 얼굴을 바라보는 동안 나는 무엇으로 사는가를 계속 고민하게 된다. 아이를 안고 있는 동안 맞닿은 가슴이 함께 따뜻해진다. 린이 나를/우리를 인간답게 만들어 줄 것이다.

MB의 밥상을 세 번이나 차리며
'열심'을 추궁하다

류은숙

옛이야기엔 천사가 거지로 변신하고 찾아오는 장면이 종종 등장한다. 거지를 어떻게 대접하느냐에 따라 누구는 벌을 받고 누구는 복을 받는다. 내 경우엔 정반대였다. 내 기준으론 악의 화신이라 할 수 있고 누가 봐도 엄청난 부자라 할 만한 MB가 왔다. MB가 누구냐? 그 MB일까? 맞을 것이다. 여러분이 떠올릴 그 MB가 맞을 것이다. 그래도 난 그 MB가 여러분이 지목하는 그 MB라고 실토하지 않겠다. 이 글에서는 MB를 나의 욕망의 화신, 내 숨겨진 욕망의 대리인으로 삼을 작정이기 때문이다. 욕하면서도 MB와 닮은 삶에 대한 수치심이 나를 MB 뒤에 숨게 한다. MB와 같은 열심을 찬양하고 추종하는 것, 열심을 내지 못했다며 자학하거나 자기 연민에 빠지는 것, 나의 삶만이 아니라 타인의 삶에 대해서도 '열심'을 빌어 재단하고 타박하는 것, 그렇게 함으로써 악에 대한 책임감을 고민하는 대신에 자학과 타박으로 소일하는 것, 공통 악에 대한 책임감을 털어 버리고 그 대신에 만만한 알리바이와 희생양을 찾아내는 것, 이런 내 모습들에서 나는 늘 MB의 그림자를 본다. 혐오하면서도 가까이 다가가고, 싫어하면서도 닮게 되는, 그런 움직임을 조종하는 욕망을 본다.

MB의 첫 번째 방문 : '바보 이반'과 용산 참사

나는 14년간 식당 주방에서 알바를 했다. MB가 내게 온 건 알바의 마지막 해 1월이었다. 식당 주인이 흥분된 표정으로 홀과 주방 사이 통로로 뛰어들었다.

"MB가 온대."

"MB? 그 MB?"

"맞아. 경호원이 와서 30분 뒤에 도착한다고 했어."

4인 한 상인 기본차림, 20인 분의 정식을 준비하라는 주문이 떨어졌다. 머리가 멍했다. 그날은 공교롭게도 용산 참사 5주기

추모식이 열리는 날이었다. 주말 알바를 하는 나는 그 자리에 가지 못했다. 그것도 모자라 MB의 밥상을 차려야 하다니. 그런 날, 참사의 최종 책임자일 수밖에 없는 이의 밥상을 차려 준 인권 활동가는 이 세상에 나 말고는 없을 것이다. 신세 한탄을 할 짬도 모자란다. 할 일에 쫓겨 몸을 바삐 움직이는 사이, 난 보고야 말았다. 선글라스를 낀 그가 식당 문으로 성큼성큼 들어서는 것을. "에이 제길." 상을 차례로 내보내고 숨 돌리는 사이, 난 동료들에게 내 처지를 모바일 메신저로 호소했다. 돌아오는 반응은 "오 마이 갓! 침 뱉어!" 정도는 순한 것이었고 대개는 하나같이 살벌한 것들이었다. "아이고, 이 사람들아. 다섯 상 어디에 침을 뱉으라고." 다들 기막혀서 하는 소리였지만 나는 넋이 나갔다. 평소 강철 같은 소화력을 자랑하던 내가 그날은 먹은 것도 없이 체했다. 손 따는 게 전문이라는 식당 노동자 한 분이 자랑스럽게 핸드백에서 바늘을 꺼내 내 손을 사정없이 찔러 주었고 검붉은 피가 흘러나왔다.

어렸을 때부터 주변 사람들이 자주 묻는 질문은 어떤 사람이 이상형이냐는 것이다. 이상형은 사랑하고 싶은 사람의 유형을 묻는 것이지만 '너는 어떤 사람이 되고 싶으냐'와 같은 물음이기도 하다. 내가 되고 싶은 사람이 사랑하고 싶은 사람일 테니 말이다. 그 물음에 나는 '바보 이반'이라 답하곤 했다. 즉, '바보 이반'이 내가 되고 싶은 사람의 유형이었다.

'바보 이반'은 톨스토이의 단편 제목이자 그 소설 주인공의 이름이다. '바보 이반'은 착해 빠지고 요령이라곤 모르는 사람, 자기 주변이 자길 이용해 먹으려고만 하든 말든 개의치 않는 사람, 묵묵히 성실하고 너그러운 사람이었다.

그런데 어느 날부턴가 그 대답이 쑥스럽고 어색해졌다. '바보 이반'처럼 살았다간 이 세상에선 정말 망할 것 같아서 겁이 났다. '바보 이반' 같은 사람 곁에 있다간 답답해 죽을 것이란 생각이 스멀스멀 올라와 이상형을 잡아먹었다. 적당히 제 앞가림할 줄 아는 사람, 궁색하지 않은 사람, 아니 쪼끔은 떵떵거릴 줄 아는 사람으로 이상형은 바뀌었다. 제일 어려운 게 '적당히'다. 궁색하게 굴지 않는 삶이란 사실 성취하기가 아주 어렵다. 내 이상형은 완전히 달라진 것이다. 그러니까 (있지도 않은 애인이지만) 나는 이미 내 사랑을 배신한 셈이다.

바보 이반에게는 군인 시몬과 뚱보 타라스 두 형과 듣지 못하고 말하지 못하는 장애를 가진 마르다라는 여동생이 있다. 시몬은 싸움터에 나가 왕을 섬겼고 타라스는 도회지의 상인을 찾아 장사를 배웠다. 바보 이반과 마르다는 허리가 굽도록 땅을 갈아 부모를 부양하며 먹고살았다. 두 형에게 넘치도록 가득한 것은 탐욕이었고 그들은 높은 지위와 넓은 토지를 차지하고 그에 걸맞은 혼인으로 욕망의 주머니를 채웠다. 하지만 그들은 늘 '아직 배가 고프다'고 했다. 아버지를 졸라 재산 분배를 일찌감치 받아 갔고 전쟁과 살상, 약탈을 통해 욕망을 쉬지 않고 채웠다. 둘은 이반과 마르다의 몫에 대해서는 개의치 않았다. '바보이고 장애인인 그 애들에게 무슨 필요가 있냐'는 것이 그들의 주장이었다. 하지만 둘은 늘 부족해 했다. 이반은 형들이 뭔가를 더 요구할 때마다 늘 웃으며 마냥 내주었다.

악마들은 형제들이 재산 싸움을 하지 않는 것에 화가 나서 싸움을 불러일으키기 위한 작전을 편다. 악마들의 작전에 두 형은 쉽게 말려들었고 결국 군대와 재산을 잃고 집으로 도망쳐 온다. 작전이 안 통하는 것은 바보 이반뿐이다. 이반은 악마가 일부러 배를 아프게 만들어도 일을 멈추지 않는다. 형수들이 냄새나고 지위가 낮은 농부와는 같이 밥을 먹을 수 없다고 말해도 노여워하지 않는다. 악마들이 일거리를 망쳐 놓아 녹초가 되도록 유도해도 이반은 멈추지 않고 일을 다 해치워 버린다. 여기까지만 보면, 난 욕망의 상징인 형들과 바보 이반의 차이를 전혀 모르겠다. '열심'에 있어서의 차이 말이다. 나는 도대체 왜 '바보 이반'을 좋아했던 걸까?

MB에게 밥상을 차려 주며 나는 생각했다. MB는 군인 시몬과 뚱보 타라스를 합쳐 놓은 듯한 인물인데, 그렇다면 용산 참사를 성토하는 나 같은 사람들은 과연 '바보 이반'일까? 소설 「바보 이반」에서는 이성을 잃고 욕망에 빠져드는 게 두 형이지만, 나의 현실에서는 '바보 이반'이 오히려 욕망의 덩어리가 아닐까? '바보 이반'의 욕망은 '성실', '열심'을 향한 것이다. MB도, 철거민도 열심히 살았다는 점에서는 다를 바 없다. 물론 군인 시몬과 뚱보 타라스의 지배하려는 욕망에 비해 바보 이반의 그것은 지배와는 상관없는 욕망이라는 차이가 있다. 하지만 자기도 모르게, 의도하지 않았어도, 바보 이반이 아낌없이 내어준 '열심'은 형들의 침략과 착취를 돕는 자원이 된 건 아닐까? 나는 열심에 대한 욕망에 어떤 태도를 가진 것일까? 권선징악으로만 판가름낼 수 없는 이 시대의 욕망에는 뭔가 끈적거리는 게 있다. '하루하루 열심히', '한 땀 한 땀 성실히'를 넘어서는 결과를 낳는 열심에 대한 추종, 열심에 대한 숭배라고 할까?

오래전 선거를 앞둔 시기에 학교 동기 모임이 있었다. 하나같이 '열심히' 사는 동기들은 점찍은 후보로 MB를 꼽았다. 그가 정치만 한 게 아니라 열심히 살아왔고 또 열심히 시장에서 살아남았으니 믿을 만하다는 게 이유였다. 그 '열심히'에 대한 옹호를 뒤집을 만한 이야기가 나에겐 없었다. '무엇을 위한 열심인가에 대한 고민이 빠진 것 아냐?' 그 정도의 반문으론 열심 숭배를 건드릴 힘이 없었다. 열심 추종이 나와 주변의 삶을 숨 가쁘게 하는 건 아닐까? 열심에 대한 문제 제기는 열심히 사는 동기들과의 적당한 분위기를 위해 상 밑에 내려놓아야 했다. 2007년 대통령 선거에서 MB는 부패와 타락의 증거들을 가뿐히 넘어 열심에 대한 숭배로 당선됐다.

　MB와 '열심'을 추종하는 사람들은 내내 전쟁을 벌였다. 대표적인 전쟁은 빈민과의 전쟁이었다. 빈민과의 전쟁은 빈곤과의 전쟁과는 성격이 전혀 다르다. 빈민과의 전쟁은 '열심'이라는 이름의 전쟁이다. 지배 세력은 무능, 불결, 궁색 같은 색을 칠하고 루저, 무력, 열정 없음, 남 탓 세상 탓 좋아하는 불평쟁이 같은 간판달기를 좋아한다. 이런 색칠과 간판만으로 이 전쟁의 승패는 간단히 판가름 난다. 아니, 싸우기도 전에 이길 수 있다. 가난하고 힘 없는 이들이 스스로에게 이런 표지를 붙여 버리면 그것 자체가 백기를 드는 것이기 때문이다. '모든 게 내 열심이 부족했던 탓'이라고 수긍해 버리면 전쟁은 허무하게 끝난다.

　그뿐인가. 백기를 들지 않는 사람들에 대한 옹호나 방패 또한 승리자가 깔아 놓은 포석을 크게 벗어나지 않는다. 살아남아 싸우는 자들의 무기 또한 '우린 열심히 살아왔다'이기 때문이다. '열심'에 대한 보상이 부족했다, '열심'에 대한 차별이다, '열심'

에 대한 배신이다……. 열심에 대한 숭배 앞에서 MB는 느긋하게 말했다. "내가 해 봐서 아는데, 아직 '열심'이 부족해." 우리가 그토록 열심에 지배받는다는 점에서 보면, MB는 퇴임한 전직이 아니라 영원한 현직인 것 같다.

MB의 두 번째 방문: '화장실 삼남매'와 세 모녀의 죽음

MB의 두 번째 방문이 있었다. 손님을 맞기 전 장사 준비를 하고 있는데, 식당 마당에서 양복 차림으로 왔다 갔다 하는 사내들이 보였다. 무전기를 손에 든 평범치 않은 사람들이다. 난 불길한 예감에 고개를 저었다. '설마, 또 올라구. 내 생애에 두 번이나 MB 밥상을 차릴 일은 없을 거야, 아니야. 아니라구.' 불길한 예감은 틀리는 법이 없다고 했나. 불길함이 현실이 되자 식도에서 역류하는 기운이 느껴졌다. MB는 또 왔고 나는 전과 마찬가지로 정식 다섯 상을 차려 내보냈다.

그 무렵 사회면의 톱뉴스는 세 모녀 자살 사건이었다. 생활고를 비관한 세 모녀가 숨진 채 발견됐다. 환갑이 된 어머니와 30대의 두 딸이었다. 이들은 70만 원이 담긴 흰색 봉투를 남겼다.

방세 50만 원과 공과금을 어림한 돈이라 했다. '주인아주머니께…… 죄송합니다. 마지막 집세와 공과금입니다. 정말 죄송합니다.'가 봉투에 남긴 그들의 유서였다. 긴 투병 생활 끝에 세상을 떠난 아버지는 엄청난 병원비를 빚으로 남겼다. 큰딸은 당뇨와 고혈압을 앓았으나 치료를 하지 못했다. 작은딸은 편의점 알바 등 불안한 일자리를 떠돌았다. 만화와 토익 공부를 하던 흔적이 있었으나, 생활비를 위해 쓴 카드빚을 갚지 못해 신용불량 상태였다. 사정이 이러했으니 직장을 구하기도, 괜찮은 일자리를 위한 공부도 어려웠을 것이다. 어머니가 식당에서 일해 받는 돈으로 온 가족의 생계를 꾸려야 했는데, 월 150만 원 남짓이 고작이었다. 세상을 떠나기 한 달여 전 어머니는 식당에서 일하고 돌아오는 길에 빙판길에 넘어져 팔을 다쳤다. 일을 못 하게 됐다. 그들은 아무에게도 연락하지 않았다. 마땅히 연락할 사람이 궁하기도 했을 것이다. 그들은 평소 남의 신세 지는 것을 아주 꺼려했다고 한다. 결국 온 가족이 함께 마지막을 맞았다.

나는 다시 '열심'을 불러다 추궁했다. 세 모녀는 누구보다 열심히 살고 싶었을 것이다. 그들은 열심 속에서 살아온 사람답게 얄팍한 동정에 가림막을 침으로써 명예를 지키고 싶었을 것이다. 그들이 마지막까지 보여 준 책임감은 그런 열심 추종 사회의 증표처럼 보인다. 월세와 공과금 납부 날짜를 한 번도 어기지 않은……. 하지만 남은 사람들은 그들이 도움을 구하지 않은 것까지 타박했다. 정부는 그들이 '이용할 수 있는 복지를 신청하지 않았다'고 했다. '있는 제도도 활용하지 못한 거'라며 홍보가 문제'라고도 했다. 하지만 전문가들은 신청을 했더라도 현행법과 제도상 그들은 지원을 받지 못했을 것이라 했다. 그들이 남긴 하얀 봉투는 권리 없는 책임, 권리 없는 열심을 추궁하고 있었다.

MB 같은 '열심'이 만든 나라는 단시간에 큰 군대와 기업을 키워 냈다. 전쟁과 분열로 망가진 나라, 구성원의 기본적 삶도 돌볼 수 없는 실패한 국가에서 살아남기 위한 아수라가 펼쳐지는 무대가 우리의 근현대사이다. 그 속에서 저마다 만인에 대한 만인의 전쟁의 전사가 됐다. 그 전사들은 '열심'으로 공부시키고 공부하고 벌고 또 벌었다. '하면 된다', '까라면 까'라는 병영의 구호가 전 사회를 지배하고 구성원은 '시민'이라기보다는 '전사'로서의 삶을 살았다. 거대한 군대이자 기업인 사회에서 우린 열심의 호각 소리에 발맞춰 뛰어왔다. 열심의 결과물을 챙긴 사람들은 부러움의 대상이 됐지만, 열심에 동원되기만 한 사람들은 구박 덩어리가 됐다. 몰아치는 삶의 전쟁 속에서 인권 같은 건 거추장스럽기만 했다. 권리는 어음인데 책임 추궁은 현금 납부이고, 권리는 계속 미뤄지는데 열심에 대한 채근은 바짝바짝 압박해 왔다.

MB가 현직일 때 소위 '화장실 삼남매(살 곳이 없고 돌봄을 받지 못해 화장실에서 잠자던 삼남매)사건'이 있었다. 그리고 정권이 바뀌어 세 모녀 사건이 발생했다. 진단도, 대응도 판박이였다. 정부는 대대적인 복지 사각지대 색출을 홍보했다. 겉으로는 "복지 사각지대에 놓인 사람들을 국가가 보살펴 줘야 한다."라고 했지만, 정작 본심은 "열심히 일해서 중산층으로 발돋움할 수 있어야 한다."는 뒷말에 있었다. 국가와 정치 공동체의 책임을 담은 앞의 말은 '열심'을 강조한 뒷말의 본심을 위장한 겉말이었다.

열심히 일하는 사람들은 열심을 잣대로 빈민을 심사하려 든다. 어디에 소득을 숨겨 놓은 건 아닌지, 일할 능력이 있으면서 게으름 피우느라 복지에 기대는 것은 아닌지, 돌볼 책임 있는 가족이 있는데 왜 국가에 손을 내미느냐는 도덕적 해이를 따진다. 그걸 또박또박 따지다가 삼남매와 세 모녀 같은 일이 생기면 잠시 슬퍼한다. 하지만 냉정한 제도 자체를 손질하려고는 하지 않는다. 우리가 특별히 야박한 사람들이라서 그런 것은 아닐 것이다. 열심의 채근이 너무 강력하기에 우리는 저마다 감당할 수 있는 열심을 늘 초과하는 삶을 산다. 그러니까 억울하다. 내 열심에 대한 보상이 형편없는데 열심 없는 사람에게 몫이 돌아가는 것 같은 의심에 시달린다. 몫을 나눠 주는 것이 부당해 보이기도 한다. 충분히 타당한 이유를 갖춘 사람들에게는 도움을 열심히 주고 싶지만, 그렇지 않은 사람들에게는 국물조차 없다.

문제는 '그렇지 않은 사람들'을 골라내겠다는 그 '열심'이 냉정한 제도를 지탱하는 힘이라는 것이다. '그렇지 않은 사람들'을 골라 버리는 일, 다른 말로 하면 '도울 가치가 있는 사람들'을 고르는 일에는 모호한 반감과 혐오의 감정이 작동한다. 이른바 '정상적'이고 '표준적'인 사람, 내가 감정 이입할 만한 사람에 대해서는 봐주지만, 그렇지 않은 경우엔 돕기는커녕 적극적인 혐오를 발산하고 매몰차게 공격한다. 이 사회에서 없어지거나 박멸됐으면 하는 존재로 여기는 것이다. 여기서 모든 인권의 초석인 모든 사람의 공통된 지위로서의 존엄성은 자리를 잡기 어려워진다. '공통된 지위'를 부인하게 되면 위계와 서열을 정해야 하고, 위계의 가장 센 정당화는 '열심'을 기준으로 하는 것이다. 존재 자체를 이유로(이주 노동자다, 여성이다, 장애인이다 등등) 보통의 '열심'에 낄 기회조차 없는 사람들은 이중 삼중으로 차단당하게 된다.

소설 「바보 이반」으로 돌아가 보자. 악마는 바보 이반에게 짚단으로 병사를, 나뭇잎으로 금화를 만드는 능력을 준다. 형들은 그런 바보 이반의 능력을 이용하여 얻은 군대와 돈으로 살인과 약탈을 한다. 그렇게 군대와 재산을 계속 불려 간다. 반면 바보 이반은 춤과 노래를 즐기고 잔치를 벌이고 술을 마신다. 셋 다 자기 방식으로 운영하는 자기만의 나라를 가지게 된다.

두 형의 나라는 군대에 대한 두려움과 돈에 대한 열망으로 다스려진다. 반면 바보 이반의 나라에는 인간 삶에서 기본적인 필요가 충족되면 그 이상 아무것도 가지려 하지 않는 사람들만 남는다. 이반 나라 사람들은 일을 하고 제힘으로 먹고 다른 이들을 도왔다. 두 형의 나라 사람들은 더 센 군대와 더 많은 돈을 가진 악마가 나타나자 두 형 대신 그 악마를 섬겼다. 이반 나라 사람들은 전쟁을 거부하고 적에게도 함께 살자고 권유했고, 먹고 즐기는 이상의 돈을 욕망하지 않았다. 군대와 엄청난 돈을 가진 악마 대장은 두 형의 나라를 먹어 치웠지만, 이반의 나라에 와서는 도리어 굶주리게 된다. 이반은 그런 악마에게까지 먹을 것을 그냥 준다. 나는 여기서 크게 헷갈리게 됐다. 바보 이반의 열심은 한편으론 형들의 나라를 키우는 데 큰 몫을 했다. 다른 한편으론 바보 이반과 이반 나라 사람들은 이용당하지 않는 열심, 지배욕망에 협력하지 않는 열심을 부린다. '열심'을 간단히 재단하고 해석할 수 없다는 것, 이것이 삶의 비밀인 것일까?

무엇이 바보 이반의 열심이 달리 쓰이게 된 비밀일까?

내가 바보 이반에 빠져들었던 이유는 다른 데 있었다.

바보 이반은 악마에게서 병을 고칠 수 있는 신비한 뿌리를 얻은 적이 있다. 뿌리는 세 개였고, 바보 이반은 제 배가 아플 때 그것으로 고쳤다. 뿌리는 두 개가 남았다. 이반은 그것으로 왕의 딸이 아니라 병든 개와 걸인 여자를 고친다.

열심에 대한 숭배는 인간의 공통된 지위에 대한 무시로 이어지기 쉽다. 두 형의 나라에서처럼 공포와 수치심을 들이대며 사람들을 통제하고 더 많은 힘과 돈을 얻기 위해서는 계속해서 힘과 돈을 써 대야 한다. 병든 개, 걸인 여자, 굶주리는 사람을 돌아보는 것은 여유가 있어서가 아니다. 여유를 따지기에 앞서 인간의 공통된 지위, 존재로서의 동등한 존엄성에 대한 마땅한 돌아봄이다. 신비의 뿌리를 꺼낼 때 이반은 열심의 조건을 묻지 않는다. 공통된 지위를 가진 인간 존재에 대한 숭배가 작동했을 뿐이다.

MB의 세 번째 방문: 열심 숭배와 손바닥의 굳은살

모든 일은 삼세번인가? MB의 세 번째 방문이 있었다. 이번엔 엎히지도 않고 위산이 역류하지도 않았다. 별 감각이 없었다. 나는 기계적으로 밥상을 차렸다. 다만 '당신은 꼭 감옥에 가야 한다'고 쉬지 않고 읊조렸을 뿐이다. 감옥이 떠오른 건 그 무렵 박경석 교장이 감옥에 갔기 때문이다. 중증 장애인인 그가 교장으로 있는 학교는 장애인 야학이다. 야학의 학생들은 중증 장애로 외출이 어렵거나 집 안에 갇혀 지내느라 학교 문턱을 넘어 보지 못한 사람들이다. 또는 강요된 시설 생활을 자의로 벗어난 사람들이다. 교장선생님의 수업은 교실보다는 아스팔트 길 위에서 더 자주 이뤄졌다. 아스팔트 위에서 장애인의 이동권·교육권·노동권 등을 요구한 죄로 그는 벌금을 맞았다. 벌금을 낼 돈도, 낼 생각도 없으니 잡아 가두라며 그는 감옥에 노역살이를 갔다. '열심'에 있어서라면 그도 MB 못지않다. 그의 존재 자체가 '열심'이다. 다만 그가 하는 일 중에 돈 되는 일은 없다는 것이 큰 차이랄까. 숱한 벌금으로 없는 돈마저 까먹는 게 일이다. '장애인에겐 언제쯤 시민권이 주어지는 것이냐'라는 질문을 해 대는 게 그의 일이다.

나에게는 돈과 맞바꿨을 때에만 내 존재와 시간을 의미 있게 여기는 습관이 있다. 매일 시간을 돌아볼 때 돈으로 환산된 일에 대해서는 점수를 후하게 매긴다. 괴롭고 후회가 되든 말든, 보람이 있든 말든, 환산된 액수로 가치를 따지는 습관을 버릴 수가 없다. 친구의 하소연을 들어준 시간, 아무런 목적 없는 산책, 쓸모와 상관없는 책 읽기, 그냥 수다로 죽인 시간……. '열심'이 없는 시간은 대개 무가치하게 여겨진다. 내 존재는 돈으로 환산되는 시간을 위해 '준비'할 때는 봐줄 만하지만, 돈 벌 시간을 까먹고 있을 때는 구박덩이다. 누가 나한테 그렇게 대하기 이전에 나 자신이 나를 그렇게 대하고 있음을 깨달았다. 박경석 교장의 구속은 돈으로 바꿀 수 없는 존재의 의미를 물었다. 나의 존재는 효율이나 생산성 같은 그 무엇을 위한 수단이 아니라고, 나는 존재 그 자체로 가치 있다고, 나의 가치를 존중하게끔 세상의 운영 방식을 바꿔 달라고 그는 온몸으로 표현했다.

소설 「바보 이반」에서 재산을 가져갈 때마다 형들은 뻔뻔했다. 하지만 그 순간 내게 거슬린 존재는 형들만이 아니었다. 병든 개와 걸인 여자를 돌아볼 줄 아는 바보 이반마저 마르다의 의견은 묻지조차 않았다는 것이다. 심지어 악마조차도 바보 이반을 찾아올 뿐, 마르다에겐 오지 않는다. 재산을 그냥 내준 것도, 탕진하고 돌아온 형들을 맞아들인 것도 이반의 결정이었지, 마르다가 어떻게 생각하는지는 묻지도 않았다. 장애를 가진 여성인 마르다는 소설 내내 허리를 펴지 못하고 일만 한다는 것 빼고는 존재감이 없다. 소설의 맨 마지막에서야 짤막하게 모습을 드러낸다. 마르다는 '굳은살 없이 깨끗하고 매끄러우며 손톱이 긴' 손을 아주 싫어한다는 내용이 나온다. 이반의 왕국은 "음식을 주시오."라고 말하는 모든 사람에게 "좋아요. 우리와 함께 사세요."라고 대답하는 나라다. 단, 이 나라에는 특별한 규칙이 하나 있는데, 그것은 바로 마르다의 규칙이다. 마르다의 규칙이란 '손이 거칠고 딱딱한 사람은 누구든지 식탁에 앉지만, 그렇지 않은 사람은 다른 이들이 남긴 음식을 먹어야 한다.'는 것이다.

이건 도대체 뭘까? 마르다의 기준을 '일하지 않는 자여 먹지도 말라'는 열심 노동의 권장 구호로 해석하고픈 생각은 전혀 들지 않았다. 마르다가 요구한 '거친 손'의 의미는 뭘까? 굳은살의 의미를 '열심'에서 제외된 '열심', '열심'으로 인정받지 못하는 '열심', 그리고 누구나 가지고 있는 취약함의 '상처'로 생각해 봤다.

마르다는 이반과 마찬가지로 열심히 들일을 했다. 그런데 들일을 마치고 돌아와서 먹은 밥상은 누가 차린 것일까? 두 형과 형수들은 냄새나고 천한 농부와 같이 밥을 먹을 수 없다고 이반을 홀대했다. 그런데 그 곁에는 밥상을 차리느라 같이 앉지 못하고 이리저리 동동거리며 밥상 시중을 드는 사람이 있었을 것이다. 아마도 마르다였을 것이다. 그런 마르다에 대해서는 곁에 있는 존재라고 생각하기는 했을까? 마르다의 열심은 열심으로 대우받지도 못하는 열심이었을 것이다. 결혼도 못 하고 장애인인 마르다에게 어떤 필요가 있을 것이라고 생각조차 하지 않는 두 형, 형들의 요구 앞에서 마르다의 의견은 묻지도 않고 제 것처럼 떼어준 바보 이반, 그들에게 마르다의 열심은 열외가 아니었을까? 그런 마르다가 손바닥을 들여다본 것은, 자기 열심에 도취되어 다른 종류의 열심을 보지 못하는 사람들에 대한 항변은 아니었을까? 자기가 차린 밥상에 앉히고 싶은 사람을 고를 권한이 있다는 주장은 아니었을까? 들일에서의 열심만이 아니라 자기와 같이 밥상을 차린 사람과 상대하고 싶다는 선언은 아니었을까?

인간은 취약하다. 병든 개와 걸인 여자 같은 처지가 아니더라도 사람은 누구나 취약하다. 누구나 돌봄이 필요하고 돌봄 속에서 살아가고 죽는다. 모든 인간의 공통된 지위로서의 존엄성은 인간의 독립성과 자립, 자율성만이 아니라 인간의 '취약함'을 포함한다. 약하고 상처 입기 쉽기에 그것을 돌아볼 줄 아는 사람들 속에서만 살아갈 수 있는 존재의 취약성이다.

마르다가 살펴본 굳은살은 '너는 너 자신이 취약한 존재임을 아느냐? 상처와 고통이 뭔지 아느냐?' 그런 질문이 아니었을까? 열심 숭배 사회에서 우리는 우리의 취약성을 모르는 척 위장하거나 취약성을 단죄하는 데 익숙하다. 깨끗하고 매끄럽게 손을 가꾸는 것처럼 아무 상처가 없는 척하고, 상처를 호소하는 사람들을 도태된 사람 취급한다. 마르다가 굳은살이 있는 사람을 먼저 식탁에 앉힌다는 것은 그런 취약성을 무시하거나 취약함의 상처가 없다고 우기는 사람은 밥은 먹을 수 있을지언정 교류의 식탁에는 앉을 수 없다는 것 아닐까? 사람 사이 교류란 서로의 취약함과 상처에 대한 돌아봄 속에서만 가능하다는 것, 식탁은 밥만 먹기 위한 것이 아니라는 것, 상처와 고통의 굳은살을 인정할 줄 아는 사람 사이에 놓일 수 있는 것이라는 의미가 아닐까?

'상처'는 열심에 대한 검증으로 난 인간 분류의 생채기, 열외의 생채기, 도태의 생채기이다. 그런 분류와 열외와 도태 속에서 내가 선 줄에 누가 끼어들까 봐 노심초사한다. 내가 선 줄의 꼬리가 길어질수록 뒤쪽 열을 보고 안심하고 앞 열을 보고 한숨 짓다 생긴 응어리이다. 마르다의 굳은살 검사를 나는 다른 말로 '존엄성에 대한 검사'라고 생각한다. 상처 없는 사람은 없다. 상처는 취약함의 다른 말일 수 있다. 인간은 누구나 취약하다. 그래서 서로 의존하고 돌보며 살아야 한다. 상처와 취약함을 부인하는 사람은 의존과 돌봄을 열등함, 또는 무력함과 바꿔치기한다. 상처와 취약함을 부인하는 사람은 고통스러워하고 도움이 필요한 사람의 존엄성을 함부로 취급한다. 도움이 필요한 것은 열등한 것이 아니고 도움을 받는 것이 무력한 것도 아니다. 그렇게 낙인찍는 사회가 열등함과 무력함을 인간의 취약성과 의존성의 가림막으로 사용할 뿐이다. 인간이 존엄하다면, 잘나고 제힘으로 설 수 있어서가 아니라 인간의 상처와 약함을 서로 알아볼 수 있기 때문일 것이다. 상처가 서로를 알아볼 수 있는 계기라고 한다면, 상처에 대해 뭔가 하려는 반응이 존중일 것이다. 소독을 하든 붕대를 감든, 타인의 상처를 돌아보는 사람은 그게 무엇이든 고통을 덜어 주려는 반응을 보일 것이다. 반응을 보이지 않는 것이 잘못이지, 고통 그 자체에는 잘못이 없다. 그러나 열심 추종 사회는 인간의 고통까지 죄로 단죄한다.

열심에 대한 반란은 마르다처럼 열심의 반열에 애초부터 낄 자격이 없다고 여겨지는 사람들, 또는 스스로 낄 생각이 없는 사람들로부터 시작되는 것 같다. 열외된 열심의 세계에서 자기만의 특별한 규칙을 만들어 낸 마르다처럼 우리에겐 새로운 규칙이 필요할지 모른다. 내가 열심히 줄 서 있는 열의 앞뒤를 휘둘러본다. 초조해진다. 슬그머니 내가 선 줄을 빠져나와 줄을 바꿔 서고 싶다.

저 줄에 끼고 싶다. 열심을 섬기는 나라가 아닌, 존재 그 자체를 섬기는 나라에 줄 서고 싶다.

내 손바닥에는 상처를 인정하고 상처를 알아보는 굳은살이 있을까?

인간이 손에 넣은
가장 위대한 것

전성원

만화 좀 보았다고 하는 이들이라면 누구나 한 번쯤 들어 봤을 만한 작품 중에 『천재 유교수의 생활』이 있다. 1959년 일본 홋카이도(北海道) 출신의 여성 만화가인 야마시타 카즈미(山下和美)의 작품이다. 『천재 유교수의 생활』은 대학교수였던 아버지를 모델로 만들었는데, 작품 속 유택(야나기사와) 교수의 가족 구성처럼 실제로도 네 자매 가운데 막내이며 만화가로 활동하는 두 언니 덕분에 어려서부터 자연스럽게 만화 작화에 대한 기술을 익힐 수 있었다고 한다. 야마시타 카즈미는 낙천적인 유머와 자유로운 가치관, 독특한 발상이 돋보이는 작품들을 선사해 왔으며, 작품 속에 홋카이도 출신 등장인물을 배치하여 고향에 대한 애정을 숨김없이 드러내곤 한다.

야마시타 카즈미의 또 다른 대표작으로 마크 트웨인의 소설 『신비한 소년 44호(No.44, the Mysterious Stranger)』에서 영감을 받았다고 하는 『불가사의한 소년』이 있다. 작품 주인공은 마크 트웨인의 작품 속 주인공처럼 시공간을 초월하는 능력을 갖춘 소년으로 매번 다른 시간과 공간에서 벌어지는 일들을 옴니버스 형태로 펼쳐 보인다. 각각의 에피소드에서 전개되는 이야기들은 따스하지만, 때때로 인간의 근원적인 부분들을 아무렇지도 않다는 듯 툭툭 건드리면서 제법 묵직한 울림을 선사한다.

내일을 상상하는 힘

다음의 에피소드는 그중 한 부분이다. 아마도 19세기 무렵의 어느 사립학교에서 신학 수업이 진행되고 있다. 엄격해 보이는 노교수가 강의하고 있지만, 소년은 별 관심이 없는지 창밖을 바라보고 있다. 그러자 교수가 소년에게 질문을 던진다.

"인간이 손에 넣은 가장 위대한 것은 무엇인가?"

교수의 질문을 받자 소년은 시공간을 초월할 수 있는 자신의 능력을 이용해 원시 시대로 건너간다. 그가 도달한 곳은 원시 시대의 인간이 최초로 노래를 부르는 순간이다. 그런데 이 작가의 상상력이 매우 놀랍다고 느끼게 되는 것은 인류가 최초로 노래를 부르는 그 순간은 기쁘거나 즐거운 순간이 아니라 가족을 잃은 가장 슬픈 순간이다. 소년은 그 순간을 목격하고 돌아와 자신 있게 대답한다.

"노래입니다!"

소년의 답변을 들은 교수는 '자네가 그러면 그렇지'라는 표정으로 "틀렸네!"라면서 "잘, 들어 두게. 인간의 가장 위대한 성취는 바로 신앙일세!"라고 말한 뒤 자신 있는 미소를 짓는다. 소년은 수천 년, 수만 년의 시공간을 자유롭게 오가며 자신의 눈으로 직접 모든 것을 바라보고 경험할 수 있었다. 과연 교수가 옳은 것일까? 소년이 옳은 것일까? 만약 이 글을 읽고 있는 여러분이라면 "인간이 손에 넣은 가장 위대한 것은 무엇인가?"라는 질문에 무엇이라 답할까?

누군가 나에게 "인간이 손에 넣은 가장 위대한 것은 무엇인가?"라고 묻는다면 나는 '내일(tomorrow)'이라고 답할 것이다. 좀 더 정확하게는 '내일을 상상하는 힘'이 인간이 손에 넣은 가장 위대한 것이라고 생각한다. 그렇게 생각하는 이유는 이것이 노래와 신앙이라는, 서로 다른 것 같지만 사실 외따로이 떨어져 있지 않은 신앙과 노래를 아우르는 성취이자 위대한 발명이라고 보기 때문이다.

인류는 어떻게 살아남았는가

이팔청춘(二八靑春)이라고 한다. 이팔에 십육이니 대략 열여섯 살 전후의 젊은 시절을 이르는 말이다. 판소리 《춘향전》의 〈사랑가〉 대목은 전라도 남원 땅의 두 청춘 남녀의 사랑이 깊어지는 과정을 흥미진진하게 묘사한다. 이몽룡은 춘향에게 "이리 오너라 업고 놀자 이리 오너라 업고 놀자 사랑 사랑 사랑 내 사랑이야", "시금털털 개살구, 작은 이도령 서는 데 먹으랴느냐."라면서 서서히 분위기를 달궈 간다. 두 사람이 처음 방사를 치른 나이가 바로 이 무렵, 이팔청춘이었다. 다 자란 사람, 또는 다 자라서 자기 일에 책임을 질 수 있는 사람을 일러 '어른'이라고 하는데, 어른이란 말의 또 다른 의미는 '결혼한 사람'이다. 어른이란 말의 어원은 '어르다'에서 왔다. '어르다'란 말은 배필로 삼다, 결혼했다는 뜻이고, '남진어르다'란 말은 '시집가다'라는 뜻이다. 말을 에둘러

대서 그렇지 사실, '어르다'란 '성교하다'라는 뜻이다. 이팔청춘을 지금 기준으로 보면 매우 이른 나이라고 생각하기 쉽지만, 우리네 할머니, 할아버지들이 몇 살에 혼례를 치렀는지 살펴보면 결혼 적령기란 그때그때 상황이나 사정에 따라 다른 것이다.

게다가 춘향과 이몽룡이 살던 당시 조선 사람들의 평균 수명은 불과 45세 전후였다는 점을 생각해 보면 그다지 이른 것도 아니다. 보통 열여섯 살에 혼례를 치르고 1년 뒤인 열일곱 살 무렵에 아버지, 어머니가 되어 다시 첫 아이가 장성해 혼례를 치를 무렵이면 서른두어 살쯤 될 터이고, 손주가 태어나 열 살 무렵이면 이 세상을 하직한다. 평균 수명을 기준으로 조선 시대 보통 사람의 생애주기(life cycle)를 생각해 보면 대략 열여섯에서 열여덟 살 전후해 혼례를 치러야 정상적인 가정(재생산 구조)을 유지할 수 있다는 뜻이다. 조선 시대가 대략 그러했다는 뜻인데, 그보다 더 오래전이었던 원시 시대 인류는 어땠을까?

요즘 재미있게 보는 TV 프로그램 중에 〈정글의 법칙〉이란 것이 있다. 나름대로 리얼리티쇼를 표방하고 있는데, 이것이 정말 오지에 가서 생고생하는 프로그램인지는 몰라도, 문명으로부터 멀리 떨어진 사람들이 무슨 일을 어떻게 해야 살아남을 수 있는지 유추해 볼 기회를 제공한다. 협업과 분업을 통해 자신이 직접 사과를 심고 키우지 않아도 상점에 가면 얼마든지 손쉽게 사과를 구할 수 있는 것이 현대 문명이다. 하지만 문명에서 고립된 인간들은 온종일 먹을거리를 찾아 돌아다녀야 한다. 서로 단합하고 사이좋게 나누는 원시 공산제를 이상향으로 생각할 수는 있지만, 채집·수렵 경제 체제에서의 인간은 부단히 몸을 움직여야만 살아남을 수 있었을 것이다. 아마 원시 인류 역시 그렇게 해서 살아남았을 것이다. 인류의 기원을 연구한 학자들은 현재의 유인원과 인간의 DNA를 거꾸로 추적해 보면 대략 660만 년 전부터 인간과 유인원의 분리가 시작되었다고 한다. 이 시기 지구는 격심한 기후 변화(빙하기)의 시작으로 열대 우림이 줄어들고 초원화가 진행되었다.

유인원에게 풍부한 먹이와 포식자로부터 안전한 피신처를 제공했던 울창한 정글이 줄어들어 생활 영역이 좁아지자 생존 경쟁에 뒤지게 된 유인원 무리는 정글의 낙원(에덴동산)에서 쫓겨났다. 인류의 조상은 오늘날의 하이에나와 마찬가지로 맹수들이 사냥하고 남긴 부산물들을 먹는 초원의 쓰레기 청소부로 살았고, 육식을 한 결과 뇌가 커지기 시작했다. 포식자에게 쫓길 때 몸을 피할 수 있는 나무가 없었기 때문에 양손을 이용해 신체를 지킬 수 있는 도구를 만들기 시작했으며 도구를 사용하기 위해 필연적으로 직립 보행을 해야만 했다. 직립 보행의 결과 인간의 호흡 방식이 변했으며 인간의 후두 역시 자음과 모음을 확실하게 발음하기 좋도록 변화했다. 그러나 직립 보행이 모두에게 좋았던 것은 아니었다.

〈동물의 세계〉란 프로그램을 보면 아프리카 세렝게티 평원이라는 약육강식의 세계에서 이제 막 태어난 누(영양의 일종)의 새끼가 어미 배 속에서 밀려 나오자마자 잠시 후면 벌떡 일어나 제 발로 뛰어다니는 걸 확인할 수 있다. 야생 상태의 평원에서 초식 동물의 새끼들이 그렇게 할 수 없었다면, 이들은 태어나자마자 사자를 비롯한 맹수의 손쉬운 먹잇감이 될 수밖에 없었을 테고, 누를 비롯한 초식 동물들은 종(種)이 끊기고 말았을 것이다. 그러나 만물의 영장이라는 인류의 아이가 태어나면 그저 연약한 살덩이에 불과하다. 불그스름한 피부에 머리가 몸통보다 큰 4등신의 육체, 머리둘레는 평균 32cm, 신장은 50cm, 호흡은 1분에 40번, 맥박은 1분에 120번 뛰는 작은 고깃덩이가 우리 인류가 처음 세상에 나올 때의 모습이다. 낙원에서 쫓겨난 인류가 살아남기 위해 직립 보행을 하게 된 덕분에 여성의 골반이 줄어들면서 신생아는 미성숙한 상태로 태어날 수밖에 없게 되었고, 그로 인해 여성들은 태어난 이후로도 한동안 자신에게 전적으로 의존해 살아야 하는 아기들을 건사하느라 먹이 활동에 직접 참여할 수 없게 되었다. 이로부터 남성과 여성의 분업이 생겨났고, 의사소통의 필요성 또한 커졌다.

고대 인류(오스트랄로피테쿠스)의 평균 수명은 11~12세에 불과했다고 하는데, 암컷들은 평균 8~9세에 첫째를 낳고, 3~4년 뒤에 둘째를 낳았다. 인간의 아기는 어머니 배 속에서 평균 9개월 반을 머물다가 태어나고, 태어난 뒤에도 그나마 걸음마를 할 수 있는 나이가 되려면 만 12개월 이상을 키워야 한다. 당시 여성들이 8~9세에 첫 임신을 해서 9~10세에 아이를 낳는다면, 아기의 부모는 아이가 성장하는 모습을 미처 보지 못하고 죽는다는 결론이 나온다. 진화가 좀 더 이루어진 뒤에도 원시 시대 인류는 약 40%가 14세 미만으로 숨졌고, 3%만이 간신히 50대를 넘길 수 있었다고 한다. 학자마다, 지역마다 평균 수명에 대한 추정치가 약간씩 다르기는 하지만, 원시 시대 자식을 낳은 인류 부모는 오래 살아 봐야 대개 열일곱에서 열여덟 살 미만이었다는 것이다. 오늘날 영양 상태가 좋아져서 초등학교 4~5학년 무렵부터 첫 생리를 경험하는 학생들도 있다고 하지만, 당시의 영양 상태가 지금보다 나을 수는 없었을 테니 잘해야 열네 살에서 열다섯 살 무렵이 되어야 임신이 가능했을 것이다.

만약 열네 살 무렵에 처음 임신을 하고 10개월 뒤에 아이를 낳는다면, 대개의 어머니는 열다섯에서 열여섯 살 무렵 첫 출산을 할 것이다. 아기의 수유 기간을 3개월 정도로 생각한다면 아기의 친모(親母)는 아기가 두 살이 될 무렵엔 벌써 이 세상에 없을지도 모른다. 아이를 낳아 키워 본 사람이 아니라도 짐작할 수 있듯이 두 살 무렵의 아기가 성인의 보살핌 없이 생존할 가능성은 0%이다. 어떻게 인류는 이처럼 혹독한 환경 속에서도 멸종하지 않고 살아남아 현대에 이를 수 있었을까?

세렝게티 초원의 왕자로 군림하는 사자는 암사자 무리를 놓고 경쟁하다 승리하면 자기 이전의 다른 수컷 새끼들을 모조리 물어 죽인다. 고고학자들은 이 시대의 인류가 '너'와 '나'의 아이를 구별하지 않고 똑같이 평등하게 양육했을 것으로 추측한다. 누구의 아이든 간에 같은 공동체의 일원으로 받아들여 보호하고 양육했다는 뜻이다. 원시 인류는 공동육아라는 고차원적인 사회 시스템을 구축하고, 이를 실천한 덕분에 만물의 영장이 될 수 있었다. 인간의 내일은 너와 나의 아이를 차별하지 않고 공동체가 함께 돌본 덕분에 올 수 있었다.

'인류'는 언제 '인간'이 되었을까

찰스 다윈은 비글호의 탐험 이후 『종의 기원』에서 발표할 내용을 거의 완성해 두고 있었다. 그런데도 발표를 서두르지 않았던 까닭은 당시 과학 기술의 발달 상태로는 진화론을 입증할 만한 결정적 증거가 부족하다고 여겼기 때문이다. 지나친 겸손이었지만, 그가 제시할 수 있었던 증거들은 '진화(자연선택)'라는 장구한 시간 동안 복잡하게 얽혀 있어 연속적이고 통합적인 서술이 불가능한 사건을 누구나 이해할 수 있도록 보편적으로 설득하기에는 다소 난해하게 느껴질 수 있었다. 무엇보다 진화는 당시의 과학 수준으로는 수학이나 물리학처럼 과학적으로 단호하고 명쾌하게 검증하기 어려웠다. 그러나 진화론과 창조론의 갈등 못지않게 심각한 문제는 다윈의 진화론을 약육강식(弱肉强食)이나 우승열패(優勝劣敗)로 오해한 것에서 비롯되었다. 다윈이 말한 진화론, 적자생존(適者生存)의 개념은 생명의 위계나 승자와 패자의 개념이 아닌 적응의 개념으로서 "자연은 목적 없이 진화한다"는 것이다. 그럼에도 적자생존을 높은 수준의 생산력과 기술 수단을 보유한 서구 문명이 그렇지 못한 세계를 지배할 수 있다는 제국주의의 명분으로 삼았다.

그러나 자연의 법칙이란 단순히 약육강식의 원리로 작동하는 세계가 아니라 생존을 위해 다양한 생명 종의 협력과 상생이 작동하는 세계였다. 생존을 위해 서로 협업하며 공동체를 형성해 살아가는 동안 재생산을 위한 남성과 여성의 사회적 분업은

커뮤니케이션의 필요성을 증대시켰고, 인류는 서로 다른 입장과 처지에 놓인 상황에서 내 마음과 타인의 마음이 서로 같을 수 없다는 사실을 인식하게 되었다. 이후부터 인류는 끊임없이 다른 상태에 놓여 있는 타인의 마음을 읽고 파악하는 훈련을 거듭하는 형태로 진화해 왔다. 그것이 인류가 가지고 있는 상상력 또는 이해심이라 부를 수 있는 마음이며, 그것이 바로 '사회화'의 핵심이다. 다른 사람의 마음을 읽고 행동을 예측할 수 있는 능력은 인간의 사회생활을 위해 반드시 필요한 능력이며 이러한 능력은 유인원과 인류만 가지고 있다. 물론, 인간이 가장 극대화하여 활용하는 능력이기도 하다. 아마 그런 능력이 없었다면 인류는 공동체를 만들고 유지할 수 없었을 것이다. 결국, 우리 인류는 각자 정도의 차이가 있을 뿐 누구나 독심술사라는 것이다.

그런데 인류는 언제부터 인간이 되었을까? 과연 인간을 인간답게 만드는 것, 인간을 인간이게 하는 것이 무엇일까? 사람마다 의견이 분분하다. 어떤 이는 직립 보행하는 것을 인간으로 특징 삼고, 어떤 이는 도구를 만들어 사용하는 것, 어떤 이는 놀이를, 또 어떤 이는 언어를 말한다. 문명적인 측면에서 인류에게 찾아온 가장 극적인 변화는 도구를 이용하게 된 것이라지만, 문화적인 측면에서 인간에게 가장 중요한 깨달음은 인간이 죽음에 대해 최초로 자각하게 된 순간이었다고 생각한다. 원시 인류는 생존을 위해 공동체를 이루었고, 먹이를 찾아 이동하는 삶을 살았다. 그 과정에서 많은 동료의 죽음을 목격했을 것이다. 그러나 현재까지 발견된 고고학적 증거에 따르면 구석기 이전까지는 장례를 치른 흔적이 발견되지 않았다. 구석기 시대에 이르러서야 비로소 인간은 장례를 치르기 시작했다. 당시의 인류가 죽음을 애도했을지 아닐지는 시간을 여행하여 그 시대에 가 보기 전에야 지금의 우리로서는 알 수 없는 일이다. 다만, 현재까지 드러난 흔적에 의하면 당시의 인류는 죽은 동료를 땅에 묻거나 장례를 치르지 않았던 것 같다. 동료가 살아 있을 때는 서로 사랑도 하고, 다투기도 했을 테지만 죽은 사람은 말 그대로 죽은 사람, 고깃덩이에 불과했다. 그렇다고 그 시대의 인류가 죽은 사람의 육신을 단백질로 섭취했다는 증거는 없다. 특별한 제의적 이유가 아니라면 시신의 훼손이나 인육의 섭취는 터부였을 것이다.

인류는 태어나서 죽음에 이르는 과정을 지날 때마다 일정한 격식, 통과의례(通過儀禮)를 통해 의미를 부여하는 방식으로 삶의 의미를 증진해 왔다. 그중에서 유일하게 주인공이 참여할 수 없는 의례가 바로 상(喪)과 제(祭)였다. 당사자가 없는 자리에서 치러지는 장례란 죽은 자를 기리기 위한 의례이지만, 동시에 살아 있는 자, 남은 자들을 달래고 위로하기 위한 관습이다. 인류에게 장례 문화가 출현하기 시작한 것은 대체로 네안데르탈인 시대이며, 중기 구석기 시대 이후 전 세계에서 보편적으로 나타난 현상이다. 이 시대에 이르러 복원 가능한 상태로 보존된 유골이 갑자기 많이 출현하게 된 것도 그 증거 중 하나로 평가된다. 발굴된 유적에 따르면 네안데르탈인들의 유적 중에는 화장의 흔적이 있었으며, 그 가운데에는 약초나 꽃가루에 덮인 것들도 있었다.

인류는 구석기 시대, 네안데르탈인에 이르러서야 비로소 '내일(tomorrow)'을 발명할 수 있었다. 이때의 내일이란 객관, 물리적 의미의 시간, '크로노스(chronos)'일 뿐만 아니라 주관, 감정적 의미의 시간, '카이로스(kairos)'이기도 하다. 다시 말해 시간을 감지하고 의식하는 자신이 의미를 느끼는 절대적 시간이다. 생산력의 증대를 통해 잉여 생산물이 발생하자 인간은 생존과 무관한 여가를 가질 수 있었다. 이 시대에 발명된 '내일'이란 시간 개념은 시간의 구조가 변화한 것이다. 또한, 내일은 죽음에 대한 자각이기도 했다. 인간이 유한한 존재란 자각은 타인의 죽음을 통해서만 깨우칠 수 있다. 인류 최고의 신화이자 서사시인 『길가메시』의 주인공 '길가메시'는 3분의 2는 신적인 존재였지만, 절친한 친구 '엔키두'의 죽음을 목격하면서 인간이 유한한 존재이며 죽음은 어떤 인간도 피해 갈 수 없다는 자각을 통해 불멸의 삶을 찾아 방랑한다. 동양의 판타지라 할 수 있는『서유기』에는 돌에서 태어난 원숭이 '손오공'이 화과산(花果山)에서 원숭이 무리를 이끌며 행복하게 살다가 나이 많은 동료 원숭이의 죽음을 보고 죽음을 극복하는 비법을 찾아 신선이 되고자 먼 길을 떠나는 대목이 있다.

인류의 사유란 이처럼 죽음의 자각으로부터 비롯되었다. 죽은 이의 시신을 처리하는 장례 문화는 단순히 공동체 주거 공간 주변의 위생적 관점에서뿐만 아니라 인류에게 '오늘(현재)'이 아닌 '내일(죽음 이후의 세계)'을 상상하는 힘이 나타난 결과라는 것이다. 신화(神話)는 인류가 '죽음'을 단지 한 생명의 자연적인 소멸로 바라보지 않았음을 문화적으로 증명한다. 삶과 죽음의 덧없음을 자각하게 되자 삶의 의미를 찾기 위해 필사적으로 노력한 결과 영혼이 탄생하게 되었고, 죽음 이후 세계에 대한 사유를 삶의 의미로 부여하기 시작했다. 아직 오지 않은 미래이지만 누구에게나 다가올 내일의 세계에 대해 상상하는 일을 통해 인류는 비로소 타인에게 전하고 싶은 수많은 말씀(logos)들을 생각하게 되었다.

인류가 죽음으로부터 생각을 탄생시키고, '기억의 한계'라는 태초의 제약을 극복하는 방편으로 문자를 탄생시키기까지는 대략 4만여 년('문자의 발명'에서 '인쇄 혁명'까지는 대략 1700여 년)의 시간이 필요했다. 오늘이 아닌 내일을 사는 존재로서 인류는 그 순간부터 서서히 '추상'의 세계를 가질 수 있게 되었다. 그 세계로부터 모든 고차원적인 관념들이 나오게 되었다. 인류를 인간으로 존재할 수 있게 만든 힘의 원천이 그로부터 비롯되었다. 인간이 손에 넣은 가장 위대한 것들, '노래'나 '종교'뿐만 아니라 사랑(eros)과 죽음(thanatos), 신과 윤리 규범이 그로부터 탄생했다. 우리는 내일을 살기 위해 신을 발명했고, 신은 오늘의 탐욕을 대신해 내일을 위한 도덕률을 제공했다.

내일이 사라진 오늘, 어떻게 살아갈 것인가

언제부터인가? 우리 사회에 '죽음'이 사라졌다. 하이데거는 『존재와 시간』에서 "누구도 타인에게서 죽음을 빼앗을 수는 없다"고 했는데, 죽음을 맞이하는 인간이 스스로 해결할 수 없는 것이 자신의 죽음이다. 죽음에 대한 애도는 죽은 자에 대한 것만이 아닌 살아남은 자가 계속 살아가기 위한 행사이기도 하다. 그러나 산업화한 자본주의적 삶의 순환 구조는 탄생부터 죽음에 이르기까지 모든 분야를 산업화한다. 장례는 더 이상 사랑하는 가족이 주도하여 치를 수 있는 행사가 아니다. 우리는 병원에서 죽고, 병원 장례식장 또는 장소를 대여해 주는 장례식장에서 상례(喪禮)를 치른다. 바쁜 일상을 살아가기 위해 애도의 기간은 점차 짧아지고, 슬픔을 오래 간직하는 것이 도리어 이상한 일이 되어 가고 있다. 죽음이 밀려난 자리를 오늘의 욕망과 쾌락이 채웠다. 불의에 대항하다가 희생된 자, 사회적 부조리로 인해 허망하게 희생당한 이들에 대한 공동체의 애도는 불의한 권력에 의해 금기시되었다. 과거에는 불의한 국가 권력이 개인의 애도를 불온시하였다면, 이제는 사회공동체가 희생당한 이들을 타자화한다. 국가와 공동체에서 공식적인 죽음이 사라지자 곳곳에서 이름 없는 죽음이 넘쳐났다. 강제 해직으로, 산업 재해로 숨진 억울한 죽음들이 은폐되었다. 이것이 오늘만 살아가는 우리 사회의 살풍경한 모습이다. 이 모든 문제를 IMF 외환위기 이후 신자유주의의 문제로 치환할 수는 없겠지만, 평생직장으로 믿고 살아가던 사람들이 어느 날 갑자기 실직자가 되고, 누군가가 밀려나야 내가 살아갈 수 있는 시스템이 강고해지면서 우리는 타인에 대해 더욱 잔인해졌다. 네가 죽어야 내가 살 수 있다고 여기게 되자 우리는 마치 내일이 없는 사람처럼 오늘 당장의 이익을 위해 부정도, 부패도 저지를 수 있는 살벌한 존재들이 되었다.

우리 사람은 못 되어도 짐승은 되지 말자더니, 짐승은커녕 괴물이 되어 가고 있다.

　나는 근본적인 원인이 우리가 생명에게서 그만큼 멀어진 탓이라고 생각한다. 고대인과 현대인의 차이는 매우 다양하지만, 그중 하나가 '먹을 것(생명)으로부터의 거리'다. 현대를 살아가는 대부분의 보통 사람들은 식량이 되는 식물이나 동물을 전혀 키우지 않는다. 다른 생명을 키우지도 않지만, 직접 도살하는 일도 없다. 외국 다큐멘터리 중 상당히 충격적인 것이 있었는데, 독일의 농촌 마을에선 겨울을 맞이하기 전에 돼지를 가정에서 직접 도살한다. 그리고 이 과정에 아이들이 참여한다. 돼지를 거꾸로 매달아 돼지의 목을 칼로 따고, 그 아래 양동이를 놓고 피를 받는다. 아이들은 자기가 먹는 음식이 어떤 과정을 거쳐 만들어지는지 알게 되고, 인간이란 존재가 타인의 도움, 다른 생명의 희생 없이는 살 수 없다는 엄혹하지만 수용하지 않을 수 없는 진실을 깨우치게 된다. 요즘 아이들은 '벼'를 '쌀나무'라고 부른다고 웃지만, 정작 그렇게 웃는 사람도 물고기의 배를 따 본 적이 없고, 닭의 멱을 따 본 적도 없으며, 짐승의 털을 벗기고 그 안의 내장을 꺼내 다듬어 본 경험이 없다.

　움베르토 에코의 『세상의 바보들에게 웃으면서 화내는 방법』

이란 책에는 이런 일화가 담겨 있다. 뉴욕 센트럴 파크의 동물원 북극곰 우리에 어린이 몇이 장난삼아 들어갔다가 곰에게 물려 죽은 사건이 발생했다. 당장 그 곰을 죽이느냐 마느냐를 놓고 시끄러운 논란이 벌어졌지만, 곰은 아무 잘못이 없다는 결론이 나온다. 언론은 이 어린이들이 라틴 아메리카계 가난한 이주민의 자식들로 충분히 교육을 받지 못한 탓에 경솔하고 충동적으로 행동해서 죽게 되었다는 식으로 책임을 몰아갔다. 그런데 에코는 이에 대해 의문을 제기했다. 이 어린이들이 충분히 교육을 받지 못한 탓이 아니라 서구의 잘못된 교육을 받은 탓에 죽게 된 것이란 것이다. 에코는 "제3세계 어린이들이 죽어 가는 것은 못본 척하면서도 선진국의 아이들에게는 잠자리와 토끼는 물론이고 고래와 악어와 뱀까지 존중하라"고 가르치는 위선에 대해 말한다. "어떤 동물이 본능에 따라서 잔인하게 다른 동물을 잡아먹을지라도 이 지구상에 생존할 권리가 있다"고 가르치는 것이 아니라 애니메이션이나 동화 같은 것들을 통해 동물을 착하고 상냥하고 재미있고 너그럽고 영리하고 침착한 존재로 만들어 존중받을 만한 존재로 이미지를 조작한 결과 아이들은 곰에 대한 두려움을 망각하고 연못에 뛰어들었다는 것이다.

에코의 주장에 동의하든 그렇지 않든 그렇다면 우리 어린이들이 직접 닭의 모가지라도 비틀어야 그것이 올바른 교육이냐고 물을 사람들을 위해 답을 해 보면 이렇다. 만약 이것이 잔혹하다면 산업화한 닭 공장(양계장)에서 기계화되고 자동화된 도살 체계(목을 잡아 뜯으면 한 번에 창자까지 쭉 빼 버리는)를 통해 공장제품으로 출하되는 닭살을 먹는 일은 덜 잔혹한가? 생명에 대한 자각은 인간이 한시적인 존재라는 사실을 자각하는 일이다. 삶과 죽음은 서로 반대되는 말이 아니라 한 몸을 이루고 있다. 그것을 과거의 사람들은 알고 있었지만, 오늘 현대를 살아가는 사람들은 망각하고 있다. 스스로 살아가고 있다는 자각을 품기 어려운 현실에서, 타인에 대해 다른 생명에 대해 의식할 수 있는 여력이 생길 리 만무하다. 우리를 따뜻한 생명을 가진 존재로 품을 수 없다면 점차 자기 자신도 하나의 생명으로 인식하지 못하게 될 것이다. 세계와 접촉하고 있다는 자각, 세계의 일부로서의 나와 타자(우주)가 연결되어 있다고 느끼는 감각이 바로 '영성(靈性)'이다. 우리 옛 어른들은 말로 들려주는 이야기조차 자주 들려주지 않으면 이야기가 굶주린다고 느꼈다고 하는데, 과연 우리는 어떤 대상에 대해서 그처럼 깊이 있는 영성을 느끼고 있을까.

고통과 연대의 기만성을 극복할 수 있는 유일한 방법은 상대의 고통을 함께 느끼는, 마음에서 마음으로 이어지는 길을 되살리는 것이다. 이 길을 되살리지 못한다면 언제라도 세월호 참사의 진상 규명을 요구하며 단식하고 있는 유가족 앞에서 폭식 투쟁을 전개하는 만행이 반복될 수 있다. 내일이 사라진 우리는 이제 오늘 우리의 탐욕을 채우기 위해 미래 우리 아이들의 오늘까지 소비하며 살아가고 있다. 오늘의 우리가 인간이라는 사실을 증명하기 위해, 우리가 인간으로 살아가기 위해 필요한 것이 무엇일까? 나는 그것을 '내일을 상상하는 힘'이라고 생각한다. 분명히 우리 중 일부는 내일을 살아서 맞이할 수 없을 것이다. 그러나 우리 아이들은 계속해서 이 땅에서 나고 자랄 것이다. 우리 후손들에게 어떤 내일을 물려줄 것인가? 오늘을 살아가는 우리가 서로 인간으로 존재하기 위해, 인간답게 살기 위해 고민해야 할 문제가 바로 그것이다.

곁에 선다는 것,
서로의 목소리를 듣는다는 것

하승우

1980년 광주, 그때 나는 초등학생이었다. 텔레비전 뉴스는 불타는 방송국과 총을 든 시민들, 헬기에서 뿌려지는 전단지를 연일 방송했다. 정말 나라가 망하는 건가, 불안했다. 박정희가 죽었을 때 대통령이 돌아가셨다며 눈물을 흘렸던 내게 두려움이 엄습했다.

1988년 고등학교를 다닐 때 지역의 청년 단체가 주관하던 광주항쟁 사진전에 우연히 들렀다. 그곳에는 끔찍하게 살육당한 사람들의 사진이 걸려 있었고, 그 처참한 시신들이 내가 그토록 두려워했던 대상임을 깨달은 나는 다음 날까지 아무것도 먹지 못했다. 사람이 사람을 저렇게 무참하게 살해할 수 있고, 또 그런 살해가 국가 안보라는 이름으로 정당화되는 현실, 이런 나라에 사는 게 두려웠다.

인간의 자리는 어디인가?

2017년 4월, 전두환은 광주항쟁이 폭동이었고 정당한 자위권의 발동이 있었을 뿐 발포 명령은 없었다는 내용의 회고록을 출간했다. 어떻게 저토록 뻔뻔할 수 있을까? 잘못했다, 사과한다, 가식적인 말조차 저들은 거부한다. 인간 같지 않은 자들이 떵떵거리는 세상에서 인간의 자리는 어디인가?

저들의 강함은 물리적인 힘이나 돈만이 아니라 저들이 짜놓은 질서에서도 나온다. 단지 힘과 돈만이 문제라면 우리도 힘을 모으고 돈을 걷어 저들에 대항할 수 있다. 그렇지만 오늘 거리로 나가 촛불을 들어도 내일의 우리는 학교와 공장, 사무실로 돌아가야 한다는 점을, 내 옆 사람과 다시 경쟁하게 될 거라는 점을 저들은 잘 알고 있다. 기본적인 인권도, 공정하고 인간적인 일자리도, 삶을 즐길 복지도, 안전한 생활도 보장되지 않는 한국 사회에서 우리는 살아남으려면 저들의 질서를 따라야만 한다. 또 우리끼리 치열하게 경쟁하며 얻은 소소한 승리로 상처 입은 자존심을 달래야 한다. 기득권층이 정한 질서에 맞춰 자기 계발하는 사회에서 저항은 쉽게 사그라진다.

그러면서 우리는 점점 더 약자가 되어 간다. 사는 일만으로도 고달픈 약자들의 세계에서는 여유와 웃음이 사라진다. 충족되지 못한 개인의 욕망은 때로는 공격성으로 분출되기 쉬워 약자들의 세계는 갈수록 사나워진다. 약자들이 꾸리는 소수의 단단한 공동체들도 생기지만, 대부분의 약자들은 끊임없이 자신을 팔고 내몰고 채찍질하고 계발해야만 살아남는 냉혹한 세계에 던져진다. 반면에 강자들의 세계는 힘과 부를 독점한 여유와 뻔뻔하고 노골적인 웃음과 폭력, 능력으로 포장된 불공정함으로 과시된다. 이런 과시는 약자의 박탈감을 더 키우고 현상 유지라도 바라게 만든다.

인류는 공동체 내의 불평등을 바로잡고 구성원들의 공존을 실현하기 위해 정치라는 과정을 마련했는데, 정치도 이런 약육강식의 세계에 영향을 받는다. 함께 공동체를 유지하는 기술이던 정치는 점점 군림과 지배의 기술로 변했다. '혐오의 정치'라는 말처럼 애초에 성지와 어울릴 수 없던 말들이 정치의 언어를 잠식한다. 말을 잃고 기술을 포기하면서 인간으로서의 품위도 점점 사라진다. 옛날보다 더 부유해지고 생활은 더 편리해졌지만 정치 없는 인간 세계는 더 야만적으로 변했다.

질문을 자유롭게 던지는 것, 그것이 삶의 정치

자유와 평등, 정의를 실현하려는 시민 공통의 과정인 정치가 무기력해지니, 현실은 각자도생, 즉 각자 재주껏 살아남아야 하는 전쟁터로 변했다. 혼자 살기도 벅찬데 공동체는 무슨, 이러면서 정치는 사치가 되기도 한다. 정치에서 멀어지는 삶이 현명한 삶으로 인식될수록 인간다운 삶의 가능성도 사라진다는 점은 은폐된다.

예전에 어떤 지역 단체 모임에 초대받아 갔다가 이 단체의 활동이 지역 정치에서 가지는 중요성을 한참 설명했더니 한 회원이 우리는 정치하는 단체가 아니라고 열심히 반박하셨다. 나는 그 반박을 들으며 바로 지금 말씀하신 게 정치라고 말했더니 그분은 절대로 받아들일 수 없다 하셨다. 정치를 정치라 부르지 못하는 이 답답함은. 그렇다, 정치는 부패하고 타락한 것이란 고정관념이 우리 자신의 활동에 대한 정치적인 해석조차 가로막고 있다.

정치에 관심을 가지면 흔히 듣는 말들이 있다. 예를 들어, "네가 무슨 정치냐?"는 말은 정치는 특별한 사람들이 하는 것이란 고정관념을 반영한다. 그런 고정관념은 민중을 개, 돼지에 비유한 한 교육부 공무원의 발언처럼 우리 스스로가 서로를 인간이 아니라 동물로 취급하는 셈이다. 그러다 보니 '인간답게 살고 싶다'는 정당한 요구가 분신이나 단식처럼 극단적인 방식으로만 표현되어 왔다. 또한 정치를 한다는 건 항상 누가 권력을 쥘 것인가의 문제로 해석되어 왔다. 권력의 형성에는 관심이 없고 권력의 사용에만 관심이 쏠렸다. 힘이 있으니 써야지, 이런 식이다. 한국 사회의 부패한 정치인들은 그런 고정관념을 더 키운다. 정치 권력은 시민에게서 나온다지만 실제로 그 힘은 정치인들의 사적인 소유물처럼 여겨진다. 정치인들은 시민들이 누릴 수 없는 특권을 누리고 그 힘을 과시한다. 부패한 것과 어울릴 수도 없고 그것과 대면하기도 싫고, 그렇다고 소설 제목처럼 남쪽으로 튈 곳도 없고, 대략 난감한 한국이다.

사실 정치는 공동체의 운영과 지속성에 관한 기본적인 합의를 만드는 과정이다. 인간이 먹고 일하고 노는 그 모든 과정에는 사회적인 합의가 필요하다. 산골짜기에서 먹을 것을 완전히 자급하며 일하고 노는 사람들이 아니라면 이런 합의를 벗어날 방법이 없다. 그런데 공동체에서 가난하고 약한 사람일수록 이런 합의 과정에서 자신의 이해관계를 살 보상받지 못한다. 이들은 정치가 없으면 불이익을 고스란히 받을 수밖에 없는 사람들이고, 민주주의의 성패는 이들의 권리를 얼마나 보장하는지에 달려 있다.

문제는, 일하고 쉬는 시간을 마음대로 정할 수 없는 이들이 선거를 중심으로 작동되는 대의민주주의에 대응하기가 가장 어렵고, 투표일에 제대로 투표하기 어렵다는 점이다. 이들이 직접 선거의 후보자가 되기는 더더욱 어렵다. 한국에서는 선거에 나가려면 기초지방의원은 기탁금 200만 원, 국회의원은 기탁금만 1천만 원을 내야 한다. 여기에다 선거 비용까지 합하면 돈 없는 사람들은 헛물도 켜지 말아야 한다. 즉 가장 정치적으로 대변되어야 할 이들이 가장 정치적으로 취약한데, 이 구조를 바꾸려면 또 정치가 필요하다는 딜레마.

정치적으로 취약한 이들이 겪을 어려움은 무엇일까? 당장 생계의 어려움이 있겠지만 그만큼 심각한 건 모멸감이다. 복지 서비스를 제공받아도 이들에게 그 서비스는 '권리'가 아니라 '혜택'이다. 주는 사람과 받는 사람의 관계, 우리가 흔히 말하는 '갑을 관계'에서 자유롭지 않다. 그리고 받는 사람이 자신의 필요에 맞게 그 서비스를 바꿀 수 있어야 하는데, 힘이 없는 '을'이 그런 요구를 하기란 쉽지 않다. 결국 정치가 없으면 세상은 '갑'을 중심으로 돌아가게 되고 '을'들은 설령 살아남는다 하더라도 인간답게 살아가기는 어렵다. 만약 돈 없고 약한 이들에게 정치적인 힘이 있다면 어땠을까? 이들이 자기 이익을 위해 힘을 남용할까? 수가 많은 만큼 무엇이 서로에게 정말 이득일지 더 따져 보게 되지 않을까. 그리고 정말 1대 99의 사회라면, 99%의 사람들이 자신들의 이익을 위해 권력을 사용하는 것 자체가 정의이고 다수가 원하는 사회 변화 아닐까. 정치란 이런 질문을 자유롭게 던지는 과정이기도 한데, 지금 한국 현실에서는 너무 많은 질문들이 막혀 있다.

사상가 한나 아렌트는 '정치란 인간을 인간이게 하는 고유한 활동'이라 정의한다. 모든 것을 뜻대로 실현하는 신이나, 생존을 추구할 뿐 자유를 추구하지 않는 동물에게 정치는 필요하지 않다는 것이다. 아렌트에게 정치는 각자 독특함과 고유함을 가진 인간이 같이 살면서도 자유롭기 위해 의견을 드러내고 서로 조율하고 협의하는 다양한 과정들이고, 인간은 정치에 참여하면서 자신의 색깔을 찾고 자유를 실현하며 명예를 얻는다. 그러니 정치가 없다면 개인의 자유도, 공동체의 정의나 평화도, 인간이 서로 공유하는 세계도 없어진다. 힘이 아니라 설득과 협상을 통해 공동의 사안을 결정하는 것이 '정치'이고, '시민'은 타고난 권리가 아니라 말과 행위로 공론장에 참여하면서 얻게 되는 호칭이다. 따라서 정치 없이는 시민도 없다.

아렌트 식으로 보면, 정치를 포기하면서 인간은 점점 동물에 가까워진다. 인류의 미래를 다루는 영화들이 대부분 좀비 영화인 것도 이와 무관하지 않다. 정치의 언어를 잃어버리고 식욕만 남은 존재들인 좀비. 이제 우리는 스스로의 정치를 시작해야 한다. 우리를 특정한 자리에 고정시키려 하는 관념들에 질문을 던지면 어떨까. 가급적이면 혼자 말고 같이.

같이 읽는다는 것의 정치

물론 정치적인 질문이 곧바로 부조리를 바로잡지는 못한다. 그렇지만 질문을 던지고 목소리를 내는 순간 나는 변하고 있고, 누군가가 그 목소리에 반응할 수 있다는 사실은 세상을 바꿀 실마리이다. 어떻게 하면 사람들이 정치를 시작할 수 있을까? 거리에 나가 시위를 벌이고 촛불 집회를 열고 1인 시위를 벌일 수도 있지만, 또 그런 활동들이 소수의 특별한 활동은 아니지만, 그 단계까지 가려면 여러 징검다리들이 필요하다. 정치는 여전히 '큰일'을 도모하는 활동으로 생각되지만 정작 지금 중요하고 필요한 것은 '작은 정치'다.(실제로는 별로 작지 않다.)

예전에 살던 동네에서 독서 모임을 만들었다. 도서관을 이용하는 주민들이 모임에 참여했고, 오전 시간에 하다 보니 구성원이 거의 주부들이었다. 독서 모임 이름은 거창하지만 '사회과학 강독회'였다. 소설이나 수필, 동화책을 읽는 모임들은 꽤 있지만 두껍고 무거운 사회과학책을 읽는 모임은 드물었다. 독서 모임을 꾸려 갈 때 가장 큰 어려움이 책을 안 읽어 오는 사람이 있다는 것이니 아예 모여서 책을 같이 읽자, 이렇게 모임을 시작했다. 생각보다 많은 사람이 참여했고 어렵지만 한 권씩 책을 읽어 나갔다.

모임을 시작하고 얼마 지나지 않아 강독이란 활동의 의미를 더 깊이 깨닫게 되었다. 강독 모임은 함께 모여 책을 읽는다는 의미에서 더 나아가 모인 사람들이 말하고 서로의 목소리를 듣는 모임이 되었다. 책을 읽다가 서로에게 읽어 주고 싶은 구절을 돌아가며 읽거나 아무도 책을 읽지 않았다면 그냥 책의 서문부터 읽고 싶은 만큼 읽었다. 그러다 발견하게 된 건 서로의 목소리였고, 그 목소리를 통해 전해지는 감정이었다. 구구절절 설명하지 않아도 어떤 대목을 골라 읽는지, 그 대목을 어떻게 읽는지를 통해 그 사람이 전해졌다. 그리고 어떤 '느낌들'이 책을 읽는 사람들을 통해 공유되었다. 공동의 말과 느낌으로 연결된 공동체, 가장 기본적인 정치이다.

말하기의 기술인 수사학은 옛날부터 정치인의 가장 기본적인 자질로 여겨졌고, 정치인들은 수사학을 계속 연습했다. 그런데 현대에서는 수사학을 쓸 일이 별로 없고, 때로는 말을 걸 상대조차 별로 없다. 그러다 보니 인간의 정치 능력이 계속 감퇴된다. 그런 점에서 강독 모임은 남의 글을 읽는 모임이지만 그 글을 내 목소리로 읽음으로써 텍스트를 재가공/재창조하는 공간이 된다. 강독 모임은 수사학을 연습하는 공간, 가장 기본적인 정치 훈련을 하는 공간이었다.

두꺼운 사회과학 책을 몇 권 읽은 뒤 조금 편한 자리를 가졌는데, 한 분이 자신의 남편이 이 모임을 궁금해한다는 이야기를 하셨다. 신자유주의, 글로벌 슬럼프, 액체 근대, 이런 말을 쓰는 책들을 읽었으니 남편이 궁금해할 만하고, 그런 책들을 읽었으니 텔레비전 뉴스를 봐도 할 말이 많아졌다. 책이 세계를 향한 창이라면 독자들은 그 창으로 지금과는 다른 세계를 볼 수 있다. 심지어 독서 모임은 그렇게 들여다본 세계를 혼자 삭이지 않고 토론을 통해 그 세계를 더 넓힌다. 혼자 읽는 것이 아니기에 관점은 더 풍부해지고 다양해진다. 그리고 때론 갈등을 통해 텍스트에 내포된 다양성을 이해한다.

정치에서 많이 강조되는 것이 관점/세계관과 토론인데, 획일적인 한국 사회에서는 그런 토론을 할 만한 공간이 별로 없다. 독서 모임은 자연스레 그런 과정을 만들어 냈다. 자신의 관점을 바로 드러내는 것은 부담스럽지만 책이라는 텍스트를 '통해' 드러난 관점은 서로의 논의거리가 된다. 같이 사는 사람이 이런 변화를 의식하는 것은 당연하다. 남성들은 일방적인 대화가 불가능해지면서 점점 긴장하지만, 다른 모임도 아닌 책 읽는 모임이라는데 아내가 나가는 것을 반대할 수도 없다. 그렇게 변화는 긍정적이든 부정적이든 타자에게 영향을 주며 확산되기도 한다. 이렇게 정치적으로 훈련되니 주체는 더욱더 단단해진다. 이것이 정치가 아니라면 무엇이 정치란 말인가?

공부하는 것은 사람의 의식과 감성을 살찌우고, 공부 '모임'은 관계까지 풍성하게 만든다. 모임이 끝나면 가급적 점심을 함께 먹고 헤어지니 책 외의 이야기들도 늘어났다. 같은 동네에 살지만 서로 잘 몰랐던 사람들이 모임을 통해 각자의 생각과 삶을 알아 간다. 나 역시 아이를 키우면서 많은 도움을 받았던 곳이 독서 모임이었다. 물질적인 도움도 따라왔다. 박스에 담겨 있던 옷과 책, 장난감들이 관계를 통해 필요한 곳으로 순환되었다. 그렇게 보면 사회과학 강독회는 지금의 현실과 새로운 사회에 대해 알아 가는 모임이었을 뿐 아니라 새로운 사회를 살아가는 모임이기도 했다.

지금 사는 곳으로 이사를 오면서 정든 독서 모임과도 이별하게 되었다. 다른 건 자신할 수 없지만 그 시간이 서로를 더 인간답게 만들었다는 사실만큼은 확실하다. 서로 배움을 주고받으며 세상을 알아 간다는 건 그 자체만으로도 든든하지 아니한가.

그런 독서 모임에서 한발 더 나아간 모임이 2013년 10월에 만들어진 땡땡책협동조합이다. '아나키즘 공부 모임'에 참여했던 사람들이 주축이 되어 협동조합을 만들었다. 혼자 읽는 조용한 독서에서 벗어나 함께 책을 읽고 문제를 고민하고 해결해 보자는 취지였고, 책을 읽는다는 행위에 더 강한 정치적인 의미를 부여했다. 조합이라는 체계를 갖춘 만큼 땡땡책협동조합은 독서 모임 이상의 활동을 기획했는데, 가장 대표적인 것이 행동독서회이다. 조합원들이 주요한 사회 현안과 관련된 책을 읽고서 현장에 가거나 관련 책을 들고 광화문에 모여 함께 책을 읽는 활동을 했다. 예를 들면, 『밀양을 살다』나 『삼평리에 평화를』 같은 책을 읽고 조합원들이 밀양이나 청도의 송전탑 반대 현장으로 가기도 했고, 서울 광화문 교보문고 앞에서 같이 책을 읽는 시위를 하기도 했다. 쌍용자동차 해고 문제를 다룬 『이창근의 해고일기』나 세월호 유가족 인터뷰집인 『금요일엔 돌아오렴』을 들고 평택과 광화문에 서기도 했다.

행동독서회의 묘한 매력은 송전탑 반대나 해고 반대를 주장하는 것 이외에도 옆에 선 사람의 존재를 인식하는 읽기라는 점이다. 흔히 독서는 고독한 행위로 받아들여지지만 행동독서회는 나와 함께 읽는 사람의 존재에 눈을 돌리게 한다. 그가 없었더라도 책을 읽었을 수는 있었겠지만 그 자리에 서지는 못했을 것이다. 타인의 존재를 인식하고 곁에 서 있는 것, 그러면서 같이 이야기를 나누는 것, 함께 나눈 이야기를 세상에 외치는 것, 그게 정치가 아니면 무엇이 정치일까?

중심을 비우는 정치, 변경을 살리는 정치

내가 밥벌이를 시작했던 곳은 대학이었다. 이런저런 아르바이트를 할 때는 있었지만 정기적으로 일을 하고 돈을 받은 건 대학에서 시간강사 생활을 시작하면서부터였다. 1시간에 얼마로 정해진 시급을 받는 시간강사였지만 대학이라는 소속은 여기저기에 이름을 올리기에 좋았다. 책을 내면서는 관공서나 시민 단체의 토론회에 불려가는 횟수도 잦아졌다. 그런 점에서 한국 사회에서 지식인은 정치적인 존재일 수밖에 없다.

그런데 대학은 성지석으로 돋보이기에 좋은 공간이시만 정치적으로 살기엔 좋지 않은 공간으로 변해 갔다. 학문의 자유와 상반되는 억압적이고 독선적인 교수 사회는 말할 것도 없고, 과거 해방구라 불릴 정도로 자유로운 공간이었던 대학은 이제 대

자보 한 장 붙이는 것도 눈치를 보는 취업 준비 기관이 되었다. 마찬가지로 수도권은 내가 이런저런 일에 개입하며 이름을 드러내기에 좋은 공간이었지만 인간적으로 살기엔 좋지 않은 공간이었다. 밀양 송전탑 싸움을 알게 되면서 수도권에 사는 건 더 어려워졌다. 쌀 한 톨, 전기 일 와트도 생산하지 않는 내 삶을 지속하기 위해 끊임없이 다른 생명들을 희생시켜야 할까?

그렇지만 나는 대학이라는 곳에서 정치적인 발언권을 얻은 사람이었다. 이런 사람이 학교를 떠나면 무슨 일을 할 수 있을까? 밥벌이는 둘째치고 목소리라도 제대로 낼 수 있을까? 그나마 나는 처지가 좋은 편이었다. 사람들과 이런저런 모임들도 가졌고 지역에서 풀뿌리 운동을 하는 단체들과 긴밀하게 연계된 편이라 학교 아닌 다른 자리에서도 사람들을 만날 수 있었다. 그럼에도 십 년 정도 일했던 대학을 떠나는 건 쉬운 일이 아니었고, 이십 년 이상 생활한 수도권을 떠나는 건 더 그랬다.

하지만 대학에, 수도권에 남아 있어야 한다는 건 겹겹의 답답증을 키웠다. 중심에 더 가까이 다가서면 살아남을 것 같지만 금수저를 물고 태어나지 않은 이상 이를 악물고 버티며 내 에너지를 소진해야 한다. 보통 자신이 소진되고 있다는 점을 깨달을수록 보상 심리도 강해지고 자신을 정당화시키게 된다. 그런 정당화가 강해지면 내 의식도 영향을 받을 수밖에 없다. 조금씩 자존

감이 무너지고 어지간한 부조리함엔 눈을 감게 된다. 누가 문제를 제기하면 그 문제 제기를 함께 지지하기보다는 웬만큼 했으면 이제 되었다고 설득하게 된다. 그런 삶을 더 살고 싶지는 않았다.

중심에서 벗어나자, 이제 대학이나 수도권과 같은 중심을 좀 비우자는 생각을 했다. 물론 정치가 인간들 사이에서 일어나는 활동인 이상, 중심을 없애는 건 불가능하다. 그렇지만 중심이 모든 걸 독점하는 사회는 문제를 일으킬 수밖에 없다. 그러니 중심을 채우려는 힘만큼 중심을 비우려는 힘도 필요하다. 그래야 중심이 이동할 수 있고, 중심과 주변의 경계가 느슨해질 수 있다. 중심이 비워지지 않으면 어떻게 될까? 지금 20대 국회의 구성 비율만 봐도 그 점이 잘 드러난다. 300명 당선자 중 여성은 51명밖에 안 되고 31세가 최연소 국회의원으로 의원들의 평균 연령은 55.5세다. 역대 국회 중 가장 평균 연령이 높은 국회다. 의원의 재산 신고액도 평균이 41억 4백만 원이나 되고, 300명의 의원 중 농민은 단 한 명이다. 결국 한국의 국회는 재산이 많고, 연령이 높은, 도시 남성들의 목소리를 주로 내뱉는다. 이렇게 중심이 고정되면 정치는 부패한다.

지금의 중심을 없애는 것만으론 부족하다. 중심이 계속 비워지려면 변경이 살아나야 한다. 가끔 지방 소멸이나 고령화, 지방

권력의 비리나 난개발로 언론을 탈 뿐 변경은 정치의 무대가 아니다. 그렇지만 무대 뒤에도 사람이 살고 있고 따라서 변경 역시 정치 공간일 수밖에 없다. 다만 정치적인 힘을 잃어버린 공간에는 온기를 불어넣을 활기가 필요하다. 활기가 생기려면 새로운 사람의 출현과 새로운 만남이 필요하다.

부산에서 태어났고 서울에서 20년 이상을 보냈는데, 아무런 연고도 없는 충청북도 옥천군으로 가족과 이사를 온 것은 변경에서 살기 위해서였다. 중심을 비우고 변경으로 스며들어 그 속의 정치를 활성화시키면 좋을 것 같았다. 중심이 소수만을 위한 공간이라면 변경은 누구라도 올 수 있는 다수의 공간이지 않을까. 물론 권력의 중심지인 서울에도 변경은 존재한다. 상권을 가꿔 오다 건물주에게 강제로 쫓겨난 사람들, 직장의 비정규직/일용직들, 투명인간처럼 존재하지만 보이지 않는 사람들도 변경에 선 사람들이다. 그들에게도 여전히 정치가 절실하다. 다양한 변경들이 서로 이어지고 서로의 공간으로 접속하고 이동해야 정치의 힘이 강해질 수 있지 않을까. 지역으로의 이주가 그런 기회를 만들기를 기대했다.

그렇지만 귀농, 귀촌을 꿈꾸는 사람들이 생각하는 것처럼 변경이 이상적인 공간은 아니다. 다수의 공간인 변경은 항상 반(反)정치성을 강요당한다. 언제든 급진 정치가 시작될 수 있는 공간이기에 변경은 지배층에게 위협적인 공간이다. 그래서 중앙 정부는 끊임없이 지방과 변경을 규율하고 통제하려 든다. 개발, 발전이라는 명목의 사업들이 끊임없이 주민들의 삶을 위협하고, 낯선 공간, 모르는 사이는 정치를 더 어렵게 만들기도 한다. 함께하는 힘이 강해지려면, 그 힘을 증폭시킬 수 있는 형식도 필요하다.

정치란 다름 아닌 '곁에 서는 것'

핵발전소, 송전탑, 쫓겨나는 주민들, 짓밟히는 생명들, 한국의 일상이 너무 두려워서 2016년 10월에 덜컥 녹색당이라는 정당의 당직자가 되었다. 2012년 3월에 녹색당이 창당할 때부터 발기인으로 참여했지만 제도 정치에 대한 이물감이 컸다. 제도 정치 변화에 대한 기대치가 낮았기에 지금 내 자리에서 할 수 있는 일들에 신경이 더 많이 쓰였다.

그래서 당직자기 되기 전부터 나는 여러 모임들을 통해 '작은 정치'를 모색했다. 큰 변화를 일구는 힘은 한 사람, 한 사람에게서 나오기에 그 목소리에 더 귀를 기울이며 손을 맞잡고 내 곁에 서 있는 사람을 체감하고 공감하는 과정이 중요하다고 생각했다. 그것이 '정치적인 삶'의 시작이라고 여겼는데, 내 곁의 사람들은 늘어나는 반면 한국 사회는 더 나빠지고 있다는 자각이 계속 들었다.

그 과정에서 정당 속으로 한 걸음 더 들어가게 되었고, 당직자로서 당의 목소리를 대변하게 되었다. 나는 줄곧 정치적인 삶을 살아 왔는데, 정당의 당직자가 되어서야 사람들은 나를 정치인으로 여기기 시작했다. 사람들이 '정치'라는 것을 어떻게 생각하는지 보여 주는 예다. 그렇지만 사람들이 어떻게 보는가와는 별개로 나는 내가 제대로 정치를 하고 있는 건지 계속 되묻게 된다. 당직자로서의 활동도 필요하고 의미 있는 것이지만, 같이 고민하며 길을 걸어갈 한 사람, 그 한 사람에 대한 갈증은 여전히 존재하기 때문이다.

물론 기득권화되고 소수에게 힘이 집중된 중심을 깨려면 큰 힘이 모여야 한다. 지역의 요구로 바뀌지 않는 중앙 정치, 기득권층이 장악한 제도 정치를 바꾸려면 일상의 변화와 더불어 제도의 변화가 필요하다. 한국의 기득권층들은 자신들이 짜 놓은 질서를 순순히 포기하지 않는다. 일상의 변화가 제도의 변화를 지속적으로 밀어붙여야 하고, 정당은 그런 힘을 전달할 매개가 될 수 있다.

정치라는 것이 꼭 크고 거창할 필요는 없다. 앞서 말한 것처

럼 때로는 소소하게 옆 사람과 이야기를 나누는 과정도 정치이
고, 그런 정치는 더 좋은 사회를 요구하도록 우리의 기운을 북돋
울 수 있다. 그리고 그런 기운은 제도의 변화로 이어질 때 지속
성을 가질 수 있다.

　내가 당신을 인간으로, 시민으로 만들어 주겠다, 이것은 정치
가 아니라 폭력에 가깝다. 그런 말은 타자를 지우기 때문이다.
폭력이 정치를 대체한 사회에서, 자신을 비춰 볼 타자라는 거울
을 상실한 사회에서 인간은 자아를 망각할 수밖에 없다. 물건의
쓸모를 다루는 스펙이 인간의 능력치로 애기되는 사회에서 정
치는 인간의 존엄을 회복하는 과정이다. 인간답게 살 수 있는 조
건을 만드는 것이 정치이고, 그런 공동체에서 성장하는 것이 인
간이다. 무엇부터 시작할까? 공동체를 변화시키는 정치의 첫 단
계는 내 옆의 사람들과 끊임없이 눈을 맞추는 것이다. 눈을 맞추
는 데도 용기가 필요하고, 그 용기는 나의 약함을 고백하는 것에
서 시작될 수 있다. 나의 잘남과 용맹을 뽐내는 것이 아니라 나
의 어려움과 고민을 나누는 깃 밀이다. 약힘을 드리내는 게 지질
해 보일 수도 있다. 그렇지만 지질하게 굴지 말고 능력껏 살아남
으라는 말은 전형적인 강자의 화법이다. 그 지질함에서 새로운
정치가 싹틀 수 있다.

이렇게 정치란 내 옆의 타자를 발견하고 그 곁에 서는 것에서 시작된다. 한국 사회의 강자라고 불리는 사람들이 절대로 가지지 못한 무기는 바로 깨지고 밟히는 과정 속에서도 곁을 함께 지키는 사람들의 경험이다. 당연히 곁을 지키는 과정이 고통스러울 수 있다. 허나 고통 없는 꽃길만 걷는 건 인간에게 불가능하다. 다만 고통을 외면하는 것과 고통을 직시하는 것은 다르다. 고통을 외면하면 또 다른 고통이 찾아왔을 때도 그냥 받아들이거나 외면하게 된다. 그 고통을 통해 배울 것도 없어지고 고통은 온전히 개인의 몫이 된다. 참거나 울부짖거나, 더 나쁘게는 다른 이들을 공격하거나. 그러나 고통을 직시하면 그 고통이 개인에게서 비롯된 것이 아님을 알 수 있다. 그래야 그 고통이 우리에게서 각기 다른 형태로 재현되고 있음을 알 수 있다. 그런데 고통을 직시하는 건 매우 힘든 일일 수밖에 없다. 그러니 같이 고통을 직시하면 어떨까?

곁에 서 본 사람들은 안다. 그 사람이 얼마나 절박한지. 그 절박함에 숨이 막혀 도망치고 싶을 때도 있지만 잠시 머문 자리마저 고마워하는 사람들에게서 등을 돌리기는 쉽지 않다. 때론 그 삶을 이해하고 싶어진다. 같은 인간이 왜 이렇게까지 내몰리게 되었을까. 이런 질문들은 삶을 고민하게 한다. 나의 삶만이 아니라 너의 삶, 우리의 삶을.

정치는 가능성의 기술이다. 정치는 이미 결정된 것을 뒤집을 수 있는 힘을 가지고 있다. 광장으로 몰려나온 시민들이 대통령을 몰아내고 헌법을 바꾸고 부패한 정치인들을 몰아낸 역사가 있기에 그나마 한국 사회가 지금껏 버텨 왔다. 그런데 앞으로 우리가 거쳐야 할 위기는 지금껏 경험하지 못한 심각한 것일 수 있다. 그 위기를 헤쳐 갈 모범 답안은 없다. 그러니 서로의 곁을 든든하게 지켜 주는 것이야말로 최선의 방법일 수 있다. 사는 게 별거 없듯이 정치도 별게 아니다.

‘진정성’의 실종 시대,
‘진정한 인간’으로 산다는 것

강남순

사람마다 자신이 하고 있는 일을 하게 된 특별한 동기들이 있을 것이다. 현재 내가 하고 있는 일은 대학에서 철학적 또는 종교적 담론들을 가르치고 글을 쓰는 일이다. 그런데 이러한 분야의 일을 하게 된 중요한 동기가 있다면, 그것은 나의 마음속에 언제나 남아서 내가 씨름해 오던 질문이다. '인간은 누구이며, 인생의 의미는 무엇인가.' 해답을 쉽게 찾을 수 없었던 이 질문이 고등학교 시절부터 심각한 물음으로 다가와서 나를 힘들게 했다. 결국 나를 계속 사로잡았던 이러한 실존적 물음이 내가 현재 하고 있는 일들을 하게 한 중요한 동기가 된 것 같다. 특정한 직업적 관심에서가 아니라, 나를 사로잡았던 물음과 씨름하기 위하여 실존철학적 관심을 자연스럽게 가지기 시작했던 것이다. 그런데 나만 고민하고 있다고 생각했던 이 질문이 사실상 인류 역사에서 무수한 사람들이 씨름해 온 문제라는 것을 알게 되면서, 내가 현재 하고 있는 분야에 대한 흥미와 열정이 생기기 시작했다. 이러한 맥락에서 보자면, 여타의 글쓰기란 읽기와 마찬가지로 '자서전적(autobiographical)'이라는 자크 데리다의 말에 나는 전적으로 동감한다.

인간다움의 지평: 외부성과 내부성

인간이란 누구이며, 인간을 인간이게 하는 것, 즉 '인간다움'의 요소들은 무엇인가. 이러한 물음들은 고대부터 다양한 방식으로 씨름해 온 문제이다. 그럼에도 이러한 물음들에 대하여 누구에게나 적용되는 절대화된 고정된 해답이란 없다. 고정된 해답이 없다는 것은, 결국 이 물음들이 자신이 살아가고 있는 구체적 정황 속에서 지속적으로 성찰해야 하는 '과제'이며 동시에 '여정'이라는 것을 의미한다. 한 인간이 그 고유의 인간성을 형성하는 요소 중의 하나는, '나 됨(selfhood)'이라는 자아의식을 확보하기 시작하는 지점이라고 볼 수 있다.

그런데, '나 됨'이란 과연 무엇일까. '나'라는 존재는, 마치 한 건물이 외부와 내부가 나누어지는 것처럼, '외부성'과 '내부성'을 지닌다. 객관적 물체로서의 건물은 외부와 내부가 확연히 나누어질 수 있지만, 인간이라는 존재의 외부성과 내부성은 서로 깊숙이 얽혀 있다. 외부성과 내부성은 각기 다른 구조 속에서 형성됨에도, 그 둘은 서로 연결되어 있어서 분리가 불가능하다. 그러나 이러한 외부성과 내부성의 상호 연관성에도, 나의 '내부성'은 사유하고 성찰하는, 홀로의 시간과 공간 속에서 가꾸어지게 된다. 나의 외부세계에서 일어나는 사건이 나의 내면세계에 유의미한 사건으로 남게 되는 것은, 바로 이러한 사유와 성찰의 과정을 통해서이다. '나 됨'은 지속적으로 가꾸고 가다듬어야 하는 '과제'이자 '여정'인 것이다. 이러한 과정을 통해서, '나-타자-세계'라는 우리가 몸담고 살아가는 이 관계적 틀 속에 책임 있게 개입하는 주체적인 삶을 살아가는 연습이 가능하게 된다.

이 글에서 나는 인간됨을 구성하는 외부성과 내부성의 밀접한 상호 연관성을 전제하면서, 인간다움의 '내부성'의 지평에 대하여 우선적으로 생각해 보고자 한다. 나의 내면세계 속에 자리 잡고 있는 '인간'에 대한 물음을 부여잡고 그 의미를 생각해 보는 것—각자의 삶의 정황 속에서 자신의 삶에 대한 의미물음과 연계되어 있다고 보기 때문이다.

'탈영토적 고향'에의 갈망을 지닌 존재

나는 오래전 한국에서 독일로 유학을 떠난 이후, 한 장소에서 오랫동안 정착하여 살아 본 적이 별로 없다. 독일과 미국에서 유학 생활을 마치고 한국으로 왔다가, 미국으로, 영국으로, 그리고 다시 한국으로 거처를 옮기며 살아왔다. 그러다가 2006년 다시 미국으로 들어와 대학에서 학생들을 가르치기 시작했다. 지리적으로 한 장소에 정착하지 못하고 이렇게 노마드 같은 삶을 살아오면서, 내가 개인적 또는 학문적인 흥미를 가지고 있는 주제 중 하나는 '고향'이라는 개념이다. 이 '고향'이라는 메타포는 디아스포라, 소속성(belonging), 진정성, 소외와 일치, 인간됨의 의미 등과 같이 매우 복합적인 다른 개념들과도 연계되어 있다.

지리적으로 태어난 나라인 한국을 떠나서 살고 있는 나에게, 사람들이 종종 묻는 물음이 있다.

– 당신은 고향이 그리운가.

여러 나라에서 살아오면서 다양한 사람들로부터 그러한 질문을 받는 것에 나는 매우 익숙하다. 나의 사유 세계를 조금은 이해하는 가까운 친구나 동료로부터 이 물음을 받을 때, 나는 "나의 고향은 모든 곳에 있기도 하고, 아무 곳에도 없기도 하다."라고 대답하곤 한다. 자신이 태어난 나라를 떠나 있는 사람들은 '고향을 떠난 사람'이라는 표지와 함께 이방인으로, 또는 망명자로서의 삶을 살아간다. 그런데, '고향'이란 이러한 영토적인 의미를 넘어서는, 훨씬 복합적인 개념이다. 외부세계에 존재하는 고향이 아니라, 인간의 내부성과 연결된 '탈영토적 고향'인 것이다. 내가 글을 쓸 때 종종, '고향'이라는 말에 인용 부호를 붙이는 것은 상식적 의미의 고향이 아닌 다른 의미의 '고향'임을 드러내고자 하는 의도를 암시한다.

인간은 다양한 의미에서 '망명자'로서의 삶을 살아가고 있다. 흔히 사람들은 자신이 태어난 곳을 '고향(home/homeland)'이라고 하지만, '고향'이란 지리적 영토 이상의 훨씬 심오한 의미를 지닌다. 자신의 지리적 고향인 팔레스타인을 떠나 미국에 거주하던 탈식민담론 이론가인 에드워드 사이드(Edward Said)는 '나는 나의 글쓰기에서 고향을 발견한다.'라고 말한다. 여기에서 '고향'이란 '영토적 고향'이 아닌 '탈영토적 고향'을 의미한다. 사실상 한 인간의 외부성과 연결된 '영토적 고향'이 아닌, 내부성에서 경험하는 '탈영토적 고향'이야말로 인간의 오랜 갈망이라는 것을 미국 시인 마야 안젤루(Maya Angelou)는 섬세하게 노래한다.

어디에서 나 자신을 발견하든,

나는 고향에 가고 싶다고 갈망한다.

모든 인간이 그러하듯이.

이 단순한 듯한 시구는 '인간이 된다는 것은 무엇인가'라는 매우 복합적인 물음과 맞닿아 있다. 이 시구는 자신이 태어난 지리적인 고향을 떠났는가 아닌가와 상관없이, 인간이란 '고향'에 대한 갈망을 지닌다는 것을 아름답고 간결하게 전하고 있다. 이런 의미에서, '고향성'이란 자신으로부터 혹은 타자로부터 여타의 소외를 경험하지 않으면서 자기 자신과의 '지순한 일치성'을 경험하는 상태라고 나는 본다.

구체적인 현실 세계에서 우리는 다층적인 소외들을 경험한다. 다층적 소외란, 소외의 원인과 양상들이 매우 복잡하고도 다양한 층을 이루고 있다는 것이다. 전형적인 '소외' 개념의 역사적 예로 언급되곤 하는, 자본주의 사회에서 노동자들이 자신의 노동으로부터 당하는 소외 외에도 현실에서는 다양한 소외가 일어난다. 예를 들어서, 자신의 생물학적 성별에 의해 발생하는 소외가 있다. 여성, 남성, 또는 트랜스젠더들은 한 인간으로서의 삶과 성별에 의하여 규정되는 사회적 삶 사이에서 그 어느 곳에도 속하지 못하는 '소외'를 경험한다. 사회적으로 규정된 정상적 또는 규범적 섹슈얼리티가 '이성애적 섹슈얼리티'로 규정되는 현실 세계에서, 성소수자들은 끊임없는 소외를 경험한다. 또한 육체적·정신적 장애를 지닌 이들은 '정상적 몸'이라는 사회적 규범 속에서 '비정상적 인간'으로 범주화됨으로써 사회·정치적일 뿐만 아니라 존재론적인 소외를 경험한다.

이러한 다층적인 소외의 경험 한가운데에 놓인 채 사유하는 인간은 '소외 너머의 세계'인 '탈영토적 고향'에 대한 갈망을 가지며 살아가게 된다. 그렇다고 해서 이러한 '탈영토적 고향'에의 갈망이 단순히 개인적이고 사적이고 '내면적인 의미'로만 이해되어서는 안 된다. 한 사람의 '내부성'이란 그의 삶이 자리 잡고 있는 외부세계, 즉 정치, 경제, 종교, 문화 등 다양한 차원들과 밀접하게 연결되어 있기 때문이다. '탈영토적 고향'의 '낭만화'를 예리하게 경계해야 하는 이유이다. 소외가 극복되는 '고향'에 대한 갈망을 지니게 되는 것은 바로 그 '고향'에서 비로소 인간으로서의 진정성을 회복하고 의미를 창출할 수 있기 때문이다.

'고향에의 갈망'은 '아픔'을 수반한다. 이 아픔을 영어로는 'homesickness', 독일어로 'Heimweh'라고 표현한다. 이 단어들을 직역하자면, '고향 아픔'이다. 이러한 '고향에 대한 갈망의 아픔'을 지닌다는 것은 '상실에 대한 아픔'을 지닌다는 것을 의미한다. 자신의 삶에 있어야 할 어떤 것이 부재하다는 '상실'을 상실로 보지 못하게 될 때, 우리는 사실상 존재하는 것이라기보다 식물적 삶을 연명하는 것이나 다름없다. 그래서인가. 18세기의 독일 시인인 노발리스(Novalis)는 다음과 같이 말한다.

> 철학은 고향에 대한 갈망이 주는 아픔(Heimweh),
> 모든 곳에서 고향을 느끼고자 하는 간절함이다.

진정한 의미와 행복감이 충족되고, 여타의 소외를 넘어서서 내가 나와 '일치성'을 경험하는 삶이 가능한 곳. 이러한 삶이 가능한 상태가 '고향'이다. 이러한 의미에서, 노발리스의 표현처럼 철학이란 고향에 대한 갈망이 가져오는 아픔에 관한 것이기도 하다. 사유하는 인간은 자신의 삶에서의 진정한 충일함의 결여와 상실, 그리고 부재를 발견할 수밖에 없다. 동시에 그러한 결여, 상실, 부재, 소외를 넘어서는 '고향성'을 확보하고 확장함으로써 '고향'에 보다 가까이 가고자 하는 변혁에의 열정을 품고 살고자 한다. 이러한 열정은 한 사람 속에서 인간됨의 삶의 의미를 확보하게 하기 때문이다.

그런데 과연 자신이 자신과의 지순한 일치를 경험하는, 그 어떤 소외도 넘어서는 '고향으로의 회귀(homecoming)'가 가능한가. 이 질문은 사실 의미가 없다. 다만 고향에의 갈망이 주는 아픔을 끌어안고서, 고향에 더욱 가까이 가고자 하는 용기와 열정으로 이 세계에 부단히 개입할 때 그 아픔의 의미가 살아나는 것이기 때문이다. 다층적 소외를 경험하면서 그 너머의 세계를 꿈꾸며 살아가는 이들, 여타의 '결여'를 넘어서게 하는 삶의 충일함에 대한 지순한 갈망을 지닌 이들, 삶의 상실을 '상실'로 직시할 줄 아는 이들, '고향'에의 갈망이 주는 아픔을 외면하거나 회피하지 않고 단호하게 자신 속에 품고 살아가는 이들. 이들이야말로 상실과 불행의 경험 속에 함몰되지 않고, 자신의 내면은 물론 외면에 새로운 세계를 가능하게 하는 이들이다. 비록 그 갈망이 지독한 아픔을 수반할지라도.

자유의 갈망을 지닌 존재

영화 〈쇼생크 탈출(The Shawshank Redemption, 1994)〉에서 주인공 앤디는 어느 날 우연한 기회로 간수의 방에서 모차르트의 〈피가로의 결혼〉 중 '편지의 2중창'을 틀어 교도소 곳곳에 설치된 스피커로 흘러나가게 한다. 돌연히 감옥 구석구석 아름다운

아리아가 가득 차는 그 순간의 이미지는 영화에서 가장 인상적인 장면으로 꼽힌다. 사방 철망과 높은 담으로 둘러싸인 채 교도소 생활에 길든 사람들, 자신들이 상실한 것이 무엇인지조차 느끼지 못하며 쳇바퀴 도는 삶에 적응해 살던 사람들이 한없이 높고 길게 그리고 너무나 아름답게 울려 퍼지는 아리아를 듣는 순간, 그들은 자신들이 '상실'한 것이 무엇인지 불현듯 깨닫는다.

아리아가 스피커를 통해 울려 퍼지며 단조로운 일상의 궤도에 균열을 내는 그 순간 모든 죄수가 일손을 멈추고 숨을 죽인 채 귀 기울인다. 아름다운 노래에 압도되어 찾아온 침묵의 순간, 그 순간은 자신들을 둘러싸고 있는 것이 자유를 박탈당한 삶이라는 것을 직시하게 되는 시간이다. 감옥을 둘러싼 높은 담을 넘어 멀리 울려 퍼지는 아리아를 들으며 사람들은 비로소 감옥 너머의 '자유로운 삶'을 자각하게 된 것이다. 자유를 갈망하는 사람의 모습은 어디에서든 아름답다는 것을 나는 그 장면에서 느꼈다. 앤디와 가깝게 지내던 친구 레드는 이런 말을 한다.

"이 감옥 사방에 있는 벽들은 우습단 말이야. 처음에는 그 벽들이 증오스럽지. 그런데 그다음에는 조금씩 익숙해져. 그리고 시간이 많이 지나면 오히려 그 벽들에 기대어 살게 된다는 거야. 그것이 제도화된다는 거지."

〈쇼생크 탈출〉의 원제가 '쇼생크 구속(The Shawshank Redemption)'이라는 것은 매우 의미심장하다. '탈출'은 물리적 감옥으로부터 '벗어남(escape)'을 의미한다. 그 벗어남의 행위 자체가 어떤 '존재론적 가치'를 담고 있지는 않다. 그러나 원제에 있는 '구속(redemption)'이라는 개념은, 탈출을 종교·철학적 의미를 담고 있는 개념으로 확장한다. 즉, 물리적 감옥으로부터의 탈출을 의미하는 것만이 아니라, 자유를 향한 갈망이 인간에게 '구속적 의미'를 지니는 것이라는 심오한 해석을 전달하고 있다.

인간의 삶에는 그들을 둘러싼 다양한 '감옥들'이 있다. 감옥으로 상징되는 '제도'가 의미하는 바는 무엇일까. 우리는 제도를 떠나서는 살 수 없다는 듯 당연하게 그것을 받아들이며 매일매일을 살아간다. 그러다가 어느 날, 쇼생크에서 울려 퍼진 아름다운 듀엣의 아리아처럼 일상을 넘어서게 하는 그 무엇을 만날 때, 비로소 자신의 인간됨을 가로막고 있는 것이 무엇인지 깨닫게 된다. 제도는 우리에게 표면적 안정감과 편안함을 주지만, 다른 한편 인간의 자유를 박탈하고 제한하는 '감옥' 역할을 하기도 한다. 인간의 자유를 억압하고 제한하는 '감옥성'을 창출하게 되는 지점은, 사적 또는 공적 권력의 중심부에 있는 사람들의 이기적 욕심, 사회·문화적 편견과 위선에 의해 만들어지곤 한다. 그렇게 만들어진 갖가지 제도는 인간의 다양한 살아 있음의 표현과 인간됨의 양식들을 정형화된 틀 속에 넣어 버리곤 하지만, 사람들은 점차 그 틀에 익숙해지면서 '편안하게' 자신의 삶을 이어간다. 마치 감옥의 벽이 처음에는 증오스럽다가, 조금씩 익숙해지고, 시간이 한참 지나면 오히려 그 증오했던 벽에 기대어 살게 되는 것처럼.

그런데, 생명의 위험을 감수하면서까지 감옥의 삶을 거부하고 자유를 찾아 탈출을 시도하는 사람들이 영화 속에 무수히 등장하는 것처럼, 인류의 역사에는 자유를 갈망하며 제도의 감옥성에 저항한 이들이 끊임없이 출현하곤 했다. 교육 시스템, 관혼상제, 또는 교리적 틀 속에서 고착된 종교 등 다양한 정치적·사회문화적 또는 종교적 '제도들'은 개별인들이 자신의 삶에서 독특한 목소리를 내면서 추구하고자 하는 삶을 억누르고 '평균적 삶'을 강요함으로써, 인간의 자유를 구속하고 억압한다. 이러한 억압을 민감하게 느끼는 이들은 공교육 제도에 대하여 저항하며 대안 교육을 모색하기도 하고, 결혼 제도를 거부함으로써 사회적 불이익을 감수하고라도 자유의 삶을 확보하려고 한다.

둘러싼 다양한 벽들에 오히려 편안함을 느끼며 그 벽에 기대어 사는 우리는, 상실한 것이 무엇인지를 돌연히, 정말 돌연히 깨닫게 해 주는 그 아름다운 자유의 노래를 어떻게 들을 수 있는가. 분명한 것은, 그러한 '자유의 노래'는 인간됨의 삶을 향한 절절한 '갈망'을 지닌 사람에게만 비로소 들린다는 사실이다. '질문'이 있는 사람만이 '해답'을 찾을 수 있다. 마찬가지로 자유의 '갈망'을 지닌 사람만이 그 노래를 들을 수 있다. 상실의 인식이 없는 이들, 상실을 회복하는 것에 대한 갈망과 열정이 없는 이들은 자유의 노래가 들리지 않는 것이다. 따라서 '나는 인간이다'라는 선언은 자유의 노래에 대한 갈망을 지닌 사람들이 할 수 있는 특권이다.

'인간이 된다는 것은 무엇인가'에 답하는 것은 매우 복잡한 일이다. 다만 한 가지 분명한 것은, 생존적 조건을 충족하는 '밥'만으로 인간됨의 의미를 채울 수 없다는 것이다. 〈쇼생크 탈출〉은 이 점을 잘 보여 주고 있다.

인류의 역사는 철학, 문학, 종교, 예술 등 다양한 분야에서 인간이 된다는 것의 의미를 추구한 결과이기도 하다. 인간됨의 의미는 언제나 '자유함'과 연결되어 있다. 그래서일까. 〈쇼생크 탈출〉에서처럼 생명의 위험을 무릅쓰고 자유를 찾아 탈출하는 사람들의 이야기를 담은 예술 작품이 많이 있다. 사람들은 그러한 작품들을 보면서, 자신의 삶에 자리 잡고 있는 다양한 '감옥'을 깨닫고 인간됨의 의미를 생각해 볼 기회를 갖는다.

의미물음을 하는 존재

자신의 삶을 사유하는 사람이라면 때때로 깊은 불안, 무의미, 좌절감 속에 빠지는 경험을 하곤 한다. 어떠한 직업을 가졌든, 어떠한 상황에서 살아가든 우리 삶에는 밝고 긍정적인 면만이 아니라 어둡고 절망적인 상황이 공존하기 때문이다. 나는 이러한 내면적 경험을 '실존적 독감'이라고 명명한다. '독감'이라는 메타포를 사용하는 이유는 육체적 독감과의 비교가 가능하기 때문이다. 이 두 종류의 독감은 한번 걸리면 심하게 앓아야 한다는 공통점이 있다. 그리고 이전에 걸렸다고 해도 면역이 생기지 않으며, 앓을 때마다 매번 새로운 고통과 아픔이 있다. 다른 것은, '육체적 독감'은 예방 주사를 맞고 피하는 것이 가능하지만, '실존적 독감'은 '예방'이라는 것이 가능하지도 않고, 가능하다 해도 사실상 커다란 의미를 지니지 못한다는 점이다. 이 실존적 독감은 '살아감'의 여정이 담고 있는 어두운 그늘이기도 하다. 인간이라고 해서 누구나 '실존적 독감'에 걸리는 것은 아니다. 오직 자신의 삶에 대한 의미물음을 하는 사람들만이 이러한 '실존적 독감'에 걸리곤 한다.

폴 틸리히는 『존재의 용기』에서 인간은 세 가지 불안을 가지고 있다고 말한다. 첫째는 죽음에의 불안, 둘째는 공허함과 무의미의 불안 그리고 셋째는 자신이 한 일들에 대한 죄책감과 그것들에 대한 외부로부터의 비난에 대한 불안이다. 그런데 이렇게 세 종류의 불안만이 우리의 삶을 지배하는 것은 아니다. 자신의 삶에서 꿈꾸는 세계가 어쩌면 결코 오지 않을 것이라는 '불가능성의 예감' 또는 자신이 갈망하는 '충일한 관계들의 부재'에 대한 돌연한 인식 등은 우리를 종종 지독한 실존적 독감에 걸리게 한다. 그런데 이러한 실존적 독감에 걸리는 것이 부정적이기만 한 것은 아니다.

마틴 하이데거는 자신의 연인이었던 한나 아렌트에게 보낸 편지에서 "오직 태양이 있는 곳에만, '어두움들'이 있다"며, 어두움은 "한 사람의 영혼의 근원적인 토대"라고 말한다. 이러한 '어두움들'을 경험하게 될 때, 그것으로부터 도피하지 않고 대면하는 것을, 나는 '실존적 독감'이라고 명명한다. 이렇게 실존적 독감에 걸리는 것, 즉 삶의 어두운 그림자들을 느끼고, 대면하고, 그 속에 깊숙이 침잠하는 듯한 불안감과 절망감을 느낀다는 것은, 살아가는 과정에서 참으로 수중하다. '실존적 독감'에 걸리는 경험은 삶의 의미물음을 묻는 공간으로 들어서게 함으로써 한 인간이 '동물성(animality)'만이 아니라 '인간성(humanity)'을 상실하지 않고 지켜 내고 가꿀 수 있게 한다.

예를 들어, 개는 '견생의 의미가 무엇인가'라는 물음을 붙들고 밤잠 못 이루며 씨름하지는 않는다. 인간만이 '인생의 의미는 무엇인가'라고 묻는다. 그 과정에서 삶이 주는 밝고 찬란한 경험만이 아니라, 절망적인 어두움을 인식하면서 무의미나 공허감에 사로잡히는 순간을 경험하게 되는 것이다. 어두움의 경험들은 결국 '인간됨'을 이루는 소중한 결들을 창출하기에 의미심장하다. 동시에 이러한 내면적 씨름은 결국 자신이 생각하는 '인간됨'을 향해 의미를 만들어 가는 치열한 과정이기도 하다. 실존적 독감에 걸리는 이들은, 어두운 심연 저편에 있을 찬란한 햇살을 누구보다 절절하게 갈망하게 되며, 그러한 갈망과 의지 자체가 찬란한 햇살을 창출하는 가능성이 된다. 절망의 경험을 한 사람들만이, 역설적으로 진정한 희망의 의미를 느낄 수 있기 때문이다.

그런데 삶의 어두운 그림자들을 넘어서서 인간됨의 의미를 찾는 것은, 외부로부터 수동적으로 주어지는 것이 아니다. 특정한 사회·정치 제도나 요건들, 또는 종교 자체가 어두운 그림자들을 자동적으로 사라지게 하는 것은 아니라는 것이다. 사뮈엘 베케트(Samuel Beckett)의 〈고도를 기다리며〉는 삶의 의미들 그리고 어두운 그림자를 넘어서게 하는 찬란한 햇살은, '고도(Godot)'와 같은 존재-그것이 종교적, 사회정치적인 것이든 또는 관계적인 것이든-에 의하여 수동적으로 주어지는 것이 아니라는 메시지를 강하게 던지고 있다. 막연한 기다림의 자리를 단호히 털고 일어나는 용기와 의지, 그리고 어두운 그림자 저편에 있는 햇살을 향한 끈기 있는 열정과 희망……. 이러한 것만이 인간됨을 이루기 위한 '실존적 독감'을 앓게 한다. 결국 이것이 한 존재의 내면세계를 이루는 소중한 터전으로 전이시키는 가능성의 통로가 될 것이다.

'진정한 삶'을 추구하는 존재

사회·정치적으로 벌어지는 갖가지 암울한 사건들이 산재한 현실에서도, 여전히 되돌아보아야 하는 참으로 엄중한 '과제'가 있다. '진정한 삶'이란 나에게 무엇인가, 라는 물음이다. 우리가 의식하든 못 하든 우리의 일상은 '가식의 문화'가 생산하는 다층적 삶의 방식과 가치들에 지배받고 있다. 고도의 '가식의 문화' 속에서 포괄적인 의미의 '진정성의 삶'은 매몰되고 사라진다. 외부세계에서 '보여지는 나'와 내면세계의 '실제적 나'와의 거리가 멀수록, '진정성' 있는 삶을 실현해 내는 것은 어려워진다. '가식의 문화'는 크고 작은 영역에서 인간의 삶 속에 스며들어 강력하게 작동한다. 예를 들어, "잘 지내는가"라는 물음에 대한 답은 "잘 지낸다"로 정형화되어 있다. 극심한 아픔과 고통에 빠져 허우적거릴지라도 우리는 좀처럼 '힘들다'고 표현하지 못한다. 이 정형화된 답에서 벗어날 경우, '약자'의 위치에 서게 되기 쉽기 때문이다.

곳곳에서 '사랑'은 남용되고 있으며, 사랑의 표지인 '하트' 기호는 상업주의의 독점물로, 또는 이모티콘과 같은 장식물로 상투화되어 버린 지 오래다. 그래서 인간의 삶을 충일하게 만드는 아름답고 소중한 '사랑'이라는 말, 또는 그 사랑을 의미하는 상징물들에 우리는 아무런 감동도 받지 못한다. 그뿐인가. 백화점에서 90도로 몸을 굽히고 고객을 맞이하는 직원들의 상업적 미소를 보면서, 인간의 '미소'가 지닌 심오한 의미를 느끼는 것은 거의 불가능하다. 물론 이러한 상업적 미소는 직원 개인의 자발적 의사에서 나온 것이 아니라, 기업의 이익을 극대화하기 위하여 강요되는 '감정 노동'의 결과이다. 다양한 분야에서 기업의 이득을 위해 이렇게 강요되는 감정 노동은 결국 '미소의 상투화'로 남게 된다.

정치인들이 외치는 국민-사랑, 국가-사랑은 그 공허함의 깊이가 날로 더해 간다. 세월호 사건 때 보였던 대통령의 '눈물'은 정치적 '연기'로 전락하고, 종교 지도자들의 '진리 주장'은 이기적 권력 확장과 타자 혐오의 전거로 남용되고 있다. 사랑, 연민, 눈물, 미소와 같이 인간을 인간이게 하는 소중한 가치들이 '가식의 문화' 속에 매몰되고 왜곡되고 있다. 언젠가는 이러한 것들의 '진정한 의미는 도대체 무엇인가'라는 질문조차 사라지게 될지 모른다는 우려마저 생긴다.

이토록 '진정성'이 부재한 시대에, '진정한 인간'으로 살아간다는 것은 무슨 의미인가. 진정성이 사라진 시대에, 개별인들이 자신의 진정성을 확보하고 지켜 내는 것은 도대체 가능한 것인가. 오스카 와일드의 "너 자신이 되라(Be yourself)"는 선언은, '진정한 나 자신'이 된다는 것의 의미란 삶의 의미를 '지속적으로' 묻는 일이라는 점을 상기시킨다.

'가식의 문화' 속에 몸담고 살아가면서 우리가 기억해야 할 것이 있다. 개별 인간으로서 자신의 '진정성'을 지켜 낸다는 것은 '지속적으로' 해내야 하는 '과제'라는 점이다. '진정한 나'를 형성하기 위하여 우리는 '나는 누구인가'라는 물음과 대면해야 한다. 그러려면 외부세계로부터 거리를 두고 '홀로(solitude)의 공간' 속에서 대화하는 시간이 필요하다. 자신과의 시간을 갖는 방식은 저마다 다를 것이다. 자신의 생각과 고민을 글로 표현함으로써, 자신에게 통찰을 주는 글을 읽음으로써, 또는 산책을 하거나 음악을 들으면서, 자신과 내면적 대화하는 '홀로의 시공간'을 가질 수 있다. 현대 사회에서는 SNS나 텔레비전 등이 이러한 '홀로의 시공간'을 끊임없이 가로막고 있다. 그래서 사유의 시공간을 확보하려는 '의도성'이 작동되어야 한다.

이러한 사유의 공간 속에서 씨름해야 하는 물음들이 있다. 나는 나 자신을 타자들에게 어떻게 표현할 것인가, 그들과 어떻게 관계 맺고 이 세계에 개입할 것인가, '세계-내-존재(Dasein)'로서 '진정성'을 어떻게 확보하고 이를 지켜 내기 위한 실천을 할 것인가, 그 진정성을 나는 성숙하게 키워 낼 수 있는가. 이러한 물음들과 대면하지 않을 때, '나'는 사회, 문화, 정치, 종교 영역에 만연한 이 '가식의 문화'에 매몰되어서, 오스카 와일드의 '너 자신이 되라'의 의미조차 묻지 않는 삶을 살게 될 것이다. 진정성이 실종한 시대에, 나 자신의 진정성을 지켜 내는 것은, 곧 나와 너의 인간됨, 그리고 '우리'의 인간됨을 지켜 내기 위한 필요조건이라는 점에서, 이 시대 우리가 저마다의 정황 속에서 각자 대면하고 씨름해야 하는 절실한 과제이다.

자유를 향한 갈망을 지니고 자기 삶의 의미물음을 하는 존재로서의 인간은 차별과 배제 그리고 소외가 존재하지 않는, 탈영토적 의미의 '고향'에 대한 열정을 포기하지 않게 된다. 그러한 갈망과 열정을 지니면서 '진정한 나'가 체화되는 삶을 이루어 내고자 씨름하는 것—이러한 과정이 바로 한 인간의 '인간됨'을 구성하는 결들이라고 나는 본다. 이렇게 '인간됨'의 의미를 확장하고, 가꾸고자 하는 여정 자체에 바로 인간을 인간이게 하는 희망의 근거가 있다.

'사람'과 '괴물' 그 사이,
회의하고 또 회의하라!

홍세화

미술 교과서에 실렸기 때문일 것이다. 로댕의 〈생각하는 사람〉을 머릿속에 갖고 있지 않은 한국 사람은 드물다. 파리 시내 앵발리드 광장에서 가까운 로댕 박물관에 들어서면 뜰 왼쪽에서 〈지옥의 문〉과 노블레스 오블리주의 전형적인 인물들인 〈칼레의 시민들〉 연작을 볼 수 있고, 오른쪽으로 발걸음을 옮기면 그 유명한 〈생각하는 사람〉과 마주하게 된다. 〈생각하는 사람〉은 본디 로댕이 단테의 『신곡』에서 영감을 받아 제작한 〈지옥의 문〉의 한 부분이었다. 문에는 지옥으로 들어가는 인간 군상이 고통과 죽음의 상들이 펼쳐져 있다. 로댕이 〈지옥의 문〉 중앙 상단에 인간을 심판하는 '절대자' 대신에 '생각하는 사람'을 위치시킨 것과 관련하여 '고뇌하는 단테'를 염두에 둔 것이라고 말하기도 하고, 지옥에 자기 몸을 내던지기 직전 자신의 삶과 운명을 치열하게 되돌아보는 인간의 내면세계를 표현한 것이라고 말하기도 한다.

입과 턱 사이에 손등을 파묻고 고뇌에 찬 표정을 짓고 있는 생각하는 사람, 오른쪽 팔꿈치를 왼쪽 무릎 위에 올린, 지극히 부자연스러운 자세를 취한 것은 틀림없이 균형미 때문이었을 것이다. 아무튼 그렇게 치열한 자세로는 아니더라도 우리는 실제로 '생각하는 사람'으로 살아가고 있을까?

인간이 '생각하는 동물'이라고?

"나는 생각한다, 그러므로 나는 존재한다(Cogito, ergo sum)."

주입식 암기 교육의 혜택을 듬뿍 입은 우리는 이것이 17세기 철학자 데카르트의 명제임을 잘 알고 있다. 그런데 여기서 우리가 잘 알고 있다는 건 무엇일까. 과연 무엇을 잘 알고 있다는 것일까. "나는 생각한다, 그러므로 나는 존재한다."는 말을 한 이가 프랑스의 철학자이자 17세기 사람이라는 것을 잘 외우고 있다는 것일까. 아니면 그가 말한 '생각한다'는 것의 의미를 곱씹어 되새겨 보았다는 것일까.

우리는 실제로 생각하면서 살고 있을까? 생각하며 살고 있다면 어떻게 생각하면서 살고 있을까? 가령 졸저 『생각의 좌표』에서 제기한 "내 생각은 어떻게 내 생각이 되었을까?"라는 물음을 여기서 다시 던져 보기로 하자. 내가 이 물음을 강조하는 것은 이 물음이 '생각하는 동물'의 조건이며 출발점이라고 보기 때문이다. 사람이 진정 생각하는 동물이라면, "내 생각은 어떻게 내 생각이 되었을까?"라는 물음을 부단히 던져야 마땅하다는 것이다. 그런데 한국 사회 구성원 대부분은 이 물음과 만나지 않은 채 살아가고 단 한 번도 묻지 않은 채 죽음에 이르기도 한다. 지금 이 글을 읽는 분은 어떨까? "내 생각은 어떻게 내 생각이 되었을까?"라는 물음, 또는 이 물음과 완전히 똑같지 않더라도 이와 같은 내용이 담긴 물음을 부단히 던지며 살고 있을까? 칸트의 말을 빌려, "생각하는 바에 관해 자유롭지 못한 존재"로서 나는 나의 지금 '생각하는 바'에 관해 곱씹어 생각하면서 살고 있을까?

사람은 '생각하는' 동물이지만 '생각'을 갖고 태어나진 않는다. 독자는 이 문장에서 '생각하는'은 동사이며 과정인데 반해, '생각'은 명사이며 결과임을 기억하기 바란다. 또 네카르트의 명제도 "생각한다.", 즉 동사를 말하고 있음을 돌아보기 바란다. '생각하다'는 동사는 사물을 헤아리고 판단하거나 앞으로 일어날 일에 대하여 상상해 보거나 어떤 일에 대한 의견이나 느낌을 가지는 것이다. 다시 말해 "나는 생각한다"고 말할 때 그것은 모두 주체로서의 나 자신이 무엇인가를 헤아리거나 판단하거나 상상하거나 의견이나 느낌을 가진다는 것임을 명심해야 한다.

한편, 우리가 지금 갖고 있는 '생각'들은 어머니 배 속에서 태어난 후 사회화 과정을 통해 형성한 것으로서, 정리되어 있든 아니든 거기에는 가치관, 세계관, 인생관이 담겨 있으므로, 내 삶의 지향을 규정한다. "내 삶의 지향을 규정하는 '생각'들은 어떻게 형성되었을까?"라는 물음 앞에서 '생각하지' 않은 채 살아간다면 '생각하는' 동물이라고 말할 수 있을까? 눈썰미 좋은 독자는 이미 알아차렸을 것이다. 우리는 '생각하는 동물'이기보다는 다만 '생각(들)을 가진 동물'이라고 말하려 한다는 것을. 우리는 앞에 말한 동사로서 '생각하는'의 과정은 없고, 다만 명사이며 결과인 '생각(들)'만을 갖고 있다는 점을. 우리 각자는 "내 생각은 어떻게 내 생각이 되었을까?"라는 물음을 던지고 생각해 본 적이 없을 만큼 '생각하지 않는' 사람임에도, 머릿속에는 얼마나 많은 '생각들'을 갖고 있는가! 그래서 우리는 이렇게 바꿔 말해야 한다. 나는 '생각하는 동물'이 아니라 '생각들을 갖고 있는 동물'일 뿐이라고.

"내 생각은 어떻게 내 생각이 되었을까?" 이 물음에 나오는 '생각'의 자리에 '생각의 세계'를 써서 "내 '생각의 세계'는 어떻게 내 '생각의 세계'가 되었을까?"로 고쳐 써도 무방할 것이다. 그리고 '어떻게'에는 다시 "어떤 내용으로?"와 "어떤 경로로?" 두 개의 물음을 담을 수 있다. "어떤 내용으로?"가 '사회적 존재가 의식을 규정한다.'는 고전 명제에 따라 우리 각자가 사회적 존재에 맞는 '생각의 세계'를 갖고 있는지 묻는 것이라면, "어떤 경로로?"는 두말할 것도 없이 "나는 내 생각의 세계를 형성한 주체인가?"와 연결되는 '생각의 주체성'에 관한 물음이다. 이 물음의 엄중함에 비해, 우리는 이 물음을 던지고 '생각하며' 살고 있지 않는, 즉 '생각하는 과정'은 없는 채 결과로서의 '생각'만 갖고 있을 뿐이라는 점을 강조하려는 것이다.

실상 데카르트의 명제는 중세와 결별하고 근대를 알리는 변곡점이었다. 중세의 인간관은 성서에 나와 있듯이, '하나님에 의해 하나님의 형상에 따라 창조되었다.'라는 창조론에 입각해 있었는데, 데카르트는 생각하는 존재로서 근대의 인간관을 말했다. 그런데 데카르트의 이 명제를 앞에 놓고 생각해 보더라도 '나는 누구인가?'라는 물음에서부터 우리는 벽에 부딪힌다. 또 '생각한다'는 것은 무엇일까? 요컨내, '생각한다'는 농사는 그것을 실제로 하게 될 때, 의문에서 비롯되고 의문으로 이어진다. 다시 말해, '회의한다(의문을 품다)'에서 비롯하여 '회의한다'로 나아가게 된다는 것이다.

회의하다＝생각하다

"'회의하다', 그것이 '생각하다'이다(Douter, c'est penser)."

데카르트의 또 다른 명제다. 이를테면 "나는 생각한다, 그러므로 나는 존재한다."는 명제를 제기한 데카르트에게 "그렇다면 당신에게 생각한다는 것은 무엇인가?"라고 질문을 던졌다고 할 때 "회의하다"가 그의 답변이었다고 할 수 있겠다.

천 년 이상 유럽 대륙의 정신세계를 규율해 온 가톨릭의 통일성이 신구교로 분열되면서 균열이 일어나고 자연과학의 발달과 함께 천동설이 무너진 16세기를 관통한 뒤, 유럽의 근대 철학이 데카르트와 함께 '회의론'으로 열리게 된 것은 우연이 아니었다. 회의하는 사람, 즉 의문을 품은 사람은 질문을 던질 수밖에 없다. 질문을 받는 대상도 사람일 수밖에 없으니 토론이 일상화되고 철학은 '철학함'으로 학교 교육에서도 중요한 자리를 차지한다. 가령 프랑스 대학입학자격시험(바칼로레아)의 철학 논제도 "국가는 개인의 적인가?", "모든 권력은 폭력을 동반하는가?"처럼 물음으로 구성된다. 이 논제만 보더라도 "국가가 나(개인)의 적일 수 있다고?" "권력의 성질은 본디 폭력인가?"와 같은 물음이 뒤따른다. 한국 사회 구성원들 중에 이런 물음을 가져 본, 즉 국가나 권력에 대해 의문을 품어 본 사람은 얼마나 될까?

다시 데카르트의 명제로 돌아가 "회의하다=생각하다"라고 할 때, 우리는 회의하지도 않고 생각하지도 않는다. 가정에서 부모는 아이가 생각하도록 이끌지 않고, 학교에서도 크게 다르지 않다. 교육 과정이 많이 바뀌었다고는 하나 여전히 많은 학교가 학생들에게 생각하도록 이끌기보다는 경쟁적으로 생각을 주입할 것을 요구하기 바쁘다. '생각한다'는 과정은 '글을 쓰다'와 '말하다'로 구체적으로 나타나는데, 한국 교실에서는 글쓰기와 토론은 거의 없고 주입식 암기 교육이 주를 이룬다. '생각하다'의 과정은 생략하고 '생각'만 갖도록 요구하는 것이다. 실제로 '생각하다'의 과정, 즉 글쓰기와 토론의 과정을 거치면 어제와 오늘의 내 생각이 서로 다를 수 있고 나와 내 친구들의 생각이 다르다는 경험을 하게 된다. 이런 경험이 일상에서 쌓이면 회의할 수 있게 된다.

생각의 성질=고집

우리는 회의하지 않았고, 회의하지 않기 때문에 생각하지 않으며, 다시 생각하지 않기 때문에 회의할 줄 모른다. 한편, 17세기의 탁월한 인문학자 스피노자는 "사람은 한번 형성한 생각을 고집하는 경향이 있다"고 말했다. 내가 어쭙잖게 데카르트의 명제(회의하다=생각하다)와 스피노자의 주장(생각의 성질=고집)을 병렬로 놓은 이유는 자명하다. 동사이면서 과정인 '생각하다'와 명사이면서 결과인 '생각' 사이의 엄중한 비대칭성에 주목할 필요가 있어서다. 거의 반대 아닌가! 즉, 동사인 '생각하다'의 내용은 '회의하다'인데 반해, 명사인 '생각'의 성질은 '고집'이라는 것이다. 실상 스피노자의 말이 아니더라도, 생각의 성질이 고집이라는 점을 우리는 잘 알고 있다. '생각하다'의 과정을 거치지 않은 사람들은 자신의 머릿속에 입력된 '생각'에 관해 회의할 줄 모른 채 막무가내로 고집하게 된다. 결과로서의 '생각'만 갖고 있기 때문이다.

우리에겐 배고픔의 현상은 있지만 '생각고픔'의 현상은 없다. 즉, 우리 몸은 신진대사를 통해 먹은 음식을 배설하면서 허기를 느껴 다른 음식을 불러들이지만 생각은 그렇지 않다. 우리 머릿속에 똬리를 틀고 버티고 앉아서 그와 다르거나 배치되는 생각이 다가올라치면 거침없이 밀어낸다. 더욱이 우리는 회의하지 않기에 기존 생각을 고집하는 정도가 다른 사회 구성원들보다 훨씬 더 강고하다. 우리에게 익숙한, "사람은 바뀌지 않는다."는 통념은 주로 여기서 비롯된 것이다. 그의 가치관, 세계관, 인생관이 담겨 있는 생각의 세계에 변화가 없기 때문이다. 남을 설득해 본 경험이 있는 사람은 잘 알고 있다. 여간해선 설득되지 않는다는 점을! 실상 한국 사회처럼 설득이 되지 않는 사회를 찾기 어려울지 모른다. 설득하기보다는 오히려 선동하기가 쉬운 사회, 너도나도 말은 많이 하지만 남의 말을 경청하는 이는 드문 사회, 설득이 되지 않는다는 반복적인 경험으로 인해 결국 설득을 포기한 사회가 우리의 현실이다.

가령 한국의 부부 사이를 예로 들어 보자. 부부 사이란 애당초 애정으로 맺어졌고 아이를 낳기도 하며 사는 관계다. 다른 어떤 관계보다 대화를 나눌 시간도 충분하고 사회경제적 처지도 동일한 사이이지만, 당연히 모든 사안에 대해 같은 생각을 가질 수는 없다. 그럼에도 각자가 자기 생각에 관해 회의할 줄 알고 열린 자세로 대화하고 토론하면 서로 달랐던 생각이 조금씩이라도 가까워질 수 있는 가능성이 가장 큰 사이가 부부 사이다. 그런데 한국의 부부는 이런 상황에서 어떤 모습을 보일까? 대화와 토론을 통해 애당초 달랐던 생각을 근접시키거나 하나로 모아 갈까? 내부분은 부부 사이에 생각이 다른 점이 확인되었을 때 아예 말을 꺼내지 않는 편을 택한다. 왜냐하면 상대방을 설득하려고 해 봤자 상대가 기존 생각을 막무가내로 고집하기 때문에 설득은커녕 말다툼이나 신경전으로 번지는 경험을 숱하게 했기 때문이다.

이렇게 부부 사이에도 설득이 어렵다면 어떤 관계에서 설득이 가능할까? 불가능하다. 내가 남을 설득하기를 포기한 채 살아간다는 것을 뒤집어 말하면 나 또한 누구한테도 설득되지 않는다는 것을 뜻한다. 이러한 상황은 당연히 인간관계에서 부정적인 결과를 낳는다. 인간은 모두 외로운 섬처럼 살아가는 존재인데 한국 사회에서는 그런 점이 유독 두드러진다. 인간관계의 돈독함과 풍요로움을 향유하지 못하고 외톨이로 남는 한국 사회 구성원들이 소유에 집착하면서 물신주의에 빠지는 것은 어쩌면 당연한 귀결일 것이다. 나와 이웃 사이에서 사물과 현상을 바라보는 시각과 생각이 가까워질 때 느낄 수 있는 주이상스를 경험하기 어렵기 때문에 더욱 소유에 집착하는 것이다.

확증 편향

'생각'이라는 명사의 삶이 '생각하다'라는 동사의 삶으로 변화되려면 어떻게 해야 할까. 명사로서의 삶이 익숙한 관계, 익숙한 장소, 익숙한 일에서 벗어나지 않으려는 '머물러 있는 삶'이라면, 동사로서의 삶은 자신을 낯설고 불편한 곳으로 데리고 가기를 주저하지 않음으로써 끊임없이 재배치되는 삶일 것이다. 익숙하고 편안한 관계망 속에서는 '생각'이 고집스럽게 버티고 있어 변화를 일궈 낼 수 있는 가능성이 차단된다. 혈연, 지연, 학연 같은 편한 관계에서 벗어나 나와 세계관이 다른 사람들 속으로 나아갈 때 비로소 '생각하다'에 다다를 수 있다.

하지만 우리 사회 구성원들은 자기 생각의 출처조차 묻지 않은 채 기존 생각을 고집할 뿐이다. 그러므로 좀 더 나은 사회로 나아가는 것도 불가능한 일에 가깝다. 사회 변화는 사회 구성원들이 생각을 바꾸는 딱 그만큼 이루어지는 것인데, 구성원들이 기존의 생각을 고집할 뿐 수정하지 않으니 변화가 어려울 수밖에 없는 것이다. 우리가 다른 사회의 구성원들보다 혈연, 지연, 학연에 더 얽매이는 것은 이 관계망 속에서는 세계관의 차이가 별문제가 되지 않기 때문이다. 한국 사회에서 진보 정당, 노동조합, 시민운동의 가장 큰 어려움은 실상 이 문제에서 비롯된다. 각 개인의 사회적 관계망이 혈연, 지연, 학연에서 크게 벗어나지 못하기 때문이다. 이렇다 보니 사회 구성원들의 생각의 변화를 얻기가 무척 어려운 것이다. 기존의 생각을 완고하게 고집하는 사람들에게 "그렇다면 당신의 생각의 세계는 완성 단계에 도달하셨네요?"라고 물어보는 건 어떨까. 이 물음 앞에서 사람들이 조금은 겸연쩍은 모습을 보일 수도 있겠다. 하지만 대부분의 한국 사회 구성원은 이미 자신의 생각의 세계가 완성 단계에 이른 양 살아가고 있다. 생각의 성질 자체가 그러하기 때문이다.

여기에 '확증 편향' 같은 심리적 문제도 작용한다. 확증 편향은 우리가 이미 믿고 있는 사실을 확인해 주는 증거만을 받아들이고 싶어 하는 자연스러운 경향을 말한다.[*] 이처럼 고집의 성질을 가진 생각과 '확증 편향'과 같은 경향이 결합되면 생각의 세계는 명사로 고착된다. 설령 그 생각의 세계의 주 내용이 경제 성장이 없으면 모두가 불행해질 것이라든가, 경쟁에서 이긴 자가 모든 것을 갖는 것은 당연하고 패자의 탈락은 오로지 개인의 책임이라든가, 때로는 전쟁이 인류의 평화를 위해 불가피하다든가 하는 따위의 객관적 진리로 포장된 지배 세력의 관점 또는 지배 이념일지라도! 이러한 생각들은 기실 대부분의 노동자들과 빈민들에게는 '존재를 배반하는 생각'이기 십상인데도 회의하지 않은 채 막무가내로 고집하는 것이다.

나는 종종 "그래서 계몽이 필요하다는 것인가?"라는 힐난조의 질문을 받을 때가 있다. "그럴 수 있으면 좋겠지만 오늘 한국 사회에서는 설득이든 계몽이든 거의 불가능하다."는 게 내 답

---

[*] 톰 니콜스 『전문가와 강적들 - 나도 너만큼 알아』, 정혜윤 옮김, 오르마, 26쪽

변이다. 사람들이 생각의 세계의 문을 닫고 있는데 어떻게 설득이든 계몽이든 가능하겠는가. 가령 유럽의 18세기를 '계몽의 세기', 또는 '빛의 세기'라고도 부르기도 하는데, 그것은 '회의하다=생각하다'가 사람들로 하여금 생각의 세계의 문을 열어 주었기 때문에 가능했던 게 아닐까?

어떤 부부 : 존 스튜어트 밀의 『자유론』

이제 다음 글을 한번 읽어 보자.

> 진리와 정의에 대한 높은 식견과 고매한 감정으로 나를 한 없이 감화시켰던 사람, 칭찬 한마디로 나를 무척이나 기쁘게 해 주었던 사람, 내가 쓴 글 중에서 가장 뛰어나다고 할 수 있는 것은 모두 그녀의 영감에서 나온 것이기에 그런 글을 나와 같이 쓴 것이나 마찬가지인 사람, 함께했던 사랑스럽고 아름다운 추억, 그리고 그 비통했던 순간을 그리며 나의 친구이자 아내였던 바로 그 사람에게 이 책을 바친다.*

---

* 존 스튜어트 밀, 『자유론』, 서병훈 옮김, 책세상, 15쪽

이 글에서 알 수 있듯이 존 스튜어트 밀은 그의 『자유론』을 아내 해리엇 테일러에게 헌정했다. 그녀가 세상을 뜨기 전까지 밀의 모든 책은 그녀의 손을 거쳐 출판되었다. 그래서 밀은 아내가 타계한 뒤 출간한 『자유론』은 미완인 것이나 다름없다고 밝히기도 했다.*

이 글을 통해 우리는 존 스튜어트 밀과 해리엇 테일러 부부 사이에 사랑은 물론이고 높은 수준의 동지적 관계에 이르렀음을 느낄 수 있다. 그런 관계는 어떻게 가능했을까? 나는 그 단초를 바로 『자유론』 안에서 찾을 수 있다고 본다. 다음 글을 읽어 보자.

어떤 문제에 대해 가능한 한 정확한 진리를 얻기 위해서는 상이한 의견을 가진 모든 사람들의 생각을 들어 보고, 나아가 다양한 처지에 있는 사람들의 시각에서 그 문제를 이모저모 따져 보는 것이 필수적이다. 현명한 사람치고 이것 외

---

* "이 책 역시 그녀와 내가 같이 쓴 것이나 다름없다. 그러나 불행하게도 이 책은 그녀가 수정하지 못했다. 특히 가장 중요한 몇몇 부분은 그녀의 세심한 재검토를 받기 위해 일부러 남겨 놓았는데, 그만 뜻하지 않은 그녀의 죽음 때문에 이 모든 기대를 접을 수밖에 없었다. 그 무엇과도 비교할 수 없을 만큼 소중한 기회를 놓쳐 버리고 만 것이다. 그녀는 참으로 깊고 그윽한 지혜의 소유자였다. 이제 그와 같은 도움을 받지 못한 채 쓰는 글이란 얼마나 보잘것없을까……." 앞의 책, 15쪽

에 다른 방법으로 지혜를 얻은 사람은 없다. 인간 지성의 본
질에 비추어 볼 때 다른 어떤 방법으로도 지혜를 얻을 수는
없다. 다른 사람의 생각과 자신의 생각을 비교하고 대조하면
서 틀린 것은 고치고 부족한 것은 보충하는 일을 의심쩍어
하거나 주저하지 말고 오히려 이를 습관화하는 것이 우리의
판단에 대한 믿음을 튼튼하게 해 주는 유일한 방법이다.*

그러니까 밀과 그의 아내는 "다른 사람의 생각과 자신의 생
각을 비교하고 대조하면서 틀린 것은 고치고 부족한 것은 보충
하는 일을 의심쩍어하거나 주저하지 말고 오히려 이를 습관화"
했던 게 아니었을까? 그것이 두 사람의 관계를 그렇게 높은 단
계로까지 쌓아 올릴 수 있었던 초석이 되지 않았을까? 실상 자
기 생각을 수정하려면 자기를 끊임없이 부정하는 성찰과 용기
가 필요하다. 우리들 대부분은 밀과 그의 아내가 보인 것과는 정
반대의 모습에 머물러 있다. 애당초 '회의하다=생각하다'는 없
고 생각만 갖고 있으므로.

---

* 앞의 책, 50–51쪽

'사람'과 '괴물' 그 사이에서

내가 지금 고집하면서 내 삶의 푯대로 삼고 있는 내 생각을 나는 갖고 태어났을까? 아니다. 그럼 내가 지금 고집하면서 내 삶의 나침반으로 삼고 있는 내 생각을 내가 창조했을까? 아니다. 그럼 내가 어제 고집했고 오늘 고집하며 내일 고집할 내 생각을 내가 선택했을까? 선택한 게 아주 없지는 않겠지만 지금 내가 갖고 있는 생각의 총량 중 그것은 지극히 미미한 부분에 지나지 않는다. 그리하여 내가 갖고 태어나지 않았고, 내가 창조한 것도 아니고, 내가 선택한 것도 아주 미미한 생각을 우리는 고집하면서 살아간다. 회의도 없이!

우리를 지배하는 세력은 얼마나 편할까? 우리로 하여금 그들에게 자발적으로 복종하도록 하는 생각만 심어 주면 되니. 문제는, 이러한 복종의 과정에서 우리는 위험에 노출된다는 것이다. 인간은 되지 못할지언정 괴물은 되지 말라고 했는데, 자신도 모르게 괴물이 될 위험에까지 노출되는 것이다. 지배자들은 나에게 괴물의 '생각'을 심어 주기만 하면 된다. 다음은 『이것이 인간인가』의 저자 프리모 레비의 말이다.

인간 괴물이 아주 없지는 않다. 그러나 그 숫자가 많지 않아서 그리 위험하지 않다. 오히려 위험한 사람들은 보통 사람들이다. 아무런 의문도 품지 않고 기계적으로 믿고 따르고 행동하는 사람들이다.

한나 아렌트의 말로 유명해진 '악의 평범성'과 만나는 말이다. 지배자들이 "아무런 의문도 품지 않고 기계적으로 믿고 따르고 행동하는 사람들"을 만드는 것쯤이야 여반장이 아닐까? 이미 우리는 회의할 줄 모르는 사람들, 다시 말해 "아무런 의문도 품지 않"는 사람들이다. 더구나 우리에겐 위에서 언급한 '확증 편향' 말고도 다음과 같은 속성을 갖고 있다!

다름과 '인간의 속성'

통계에 의하면, 9명 중 1명이 왼손잡이라고 한다. 오른손은 '옳은 손'에서 왔고, 또 우리는 흔히 '바른' 손이라고 말하기도 한다. 한국어뿐만 아니라 영어(right hand)나 프랑스어(main droite)도 마찬가지여서 '옳은'의 의미를 가진 'right', 'droite'를 사용한다. 그렇다면 왼손은 '틀린' 손인가? '오른'손, 'right' hand, main 'droite' 등으로 쓰게 된 것은 세상에 오른손잡이가 많다는 것 이외에 그 어떤 근거가 있을까. 언어는 '생각의 집'이다. 좌우 동형으로 평등한 오른손과 왼손에 대해서조차 이처럼 다수/소수에 따라 옳고/그름으로 구분해 온 인류 역사에서 가령 성소수자들은 어떤 처지에 놓여야 했고 놓여 있을까?

사람은 자기와 아주 똑같은 사람이 이 세상에 수많이 존재한다는 것을 상상하는 것만으로도 끔찍스럽게 여긴다. 그렇다면 세상 사람들이 모두 자신과 다르다는 점에 안도하면서 반겨야 하는데 그러지도 않는다. 자기와 비슷한 사람을 만나면 차이를 찾으려 애쓰고, 자기와 다른 사람을 만나면 자기와 같지 않다고 문제를 제기한다. 이 모순은 남에 비해 내가 우월하다는 점을 확인하면서 만족해하려는 저급한 속성에서 비롯된 것이다. 자기의 우월성을 확인하면서 스스로 만족해하려는 저급한 속성은 필연적으로 나와 다른 남을 나보다 열등한 존재로 자리매김하면서 차별, 억압, 배제하는 데 쉽게 동의하도록 작용한다. 대중의 이런 속성을 십이분 활용하는 자들이 바로 지배자들이며 이들은 이를 통해 정치적 영향력을 더욱 키워 나가는 것이다.

회의할 줄 모르는 사람에게 스스로 우월하다고 믿게 해 주는 것은 그의 소유물 혹은 그가 속한 집단이다. 가난한 자/장애인/여성/성소수자/외국인 이주노동자는 가진 자/비장애인/남성/이성애자/내국인의 우월성을 확인시켜 주는 존재가 된다. 우리는 '다르다'는 말을 곧잘 '틀리다'라고 말한다. "나와 다른 너는 틀린 자로서, 우등한 나에 비해 열등하며, 정상인 나에 비해 비정상이다." 이와 같은 타자 규정은 사상이나 종교가 다른 경우 '우열 관계'나 '정상/비정상의 관계'를 넘어 '선악 관계'로까지 증폭된다. "우리는 선인데 너희들은 악이다. 악은 마땅히 제거해야 한다." 지상에 일어난 끔찍한 학살들이 대부분 여기서 비롯되었다. 인류사는 종교와 사상이 다른 타자를 악으로 규정하는 순간, 그렇게 규정한 내가 악이 된다는 점을 가르쳐 준다.

권위에 대한 복종 – 밀그램의 실험

미국의 사회심리학자 스탠리 밀그램은 인간이 본디 선한 존재라고 믿었다. 그럼에도 상황에 따라 극악한 행동을 할 수 있다는 점을 놓치지 않았다. 개명된 독일 국민은 나치 치하에서 어떻게 그렇게 많은 사람이 집단 학살의 동조자가 되었을까? 그의 유명한 실험은 이 물음에서 비롯되었다.

밀그램은 전문 배우 두 사람을 초청해 한 사람에겐 교수의 역할을, 또 한 사람에겐 학생의 역할을 하도록 주문했다. 일반인 중에서 선택된 실험 대상자들은 두 사람의 실험에 도우미로 참여해 달라는 부탁을 받았다. 그들은 교수의 요구에 따라 학생에게 전기 충격을 가하는 체벌을 수행했다. 이를테면, 실험 대상자들은 학생의 학업 효과를 올리기 위해서는 체벌이 필요하다는 교수의 미끼에 걸려든 것이다. 전기 충격은 단추를 누를 때마다

가해졌고 최고 450볼트까지 높일 수 있었다. 배우로 분한 학생은 전기 충격을 실제로 받은 것처럼 고통스러운 표정을 지어 나갔다. 역시 교수로 분한 배우는 실험 대상자에게 전기 충격의 횟수와 강도를 높이도록 계속 요구했다. 놀라운 일은 학생의 고통이 극에 달한 상황에 이를 때까지 실험 대상자 중에 교수의 요구에 저항한 사람이 극히 일부에 지나지 않았다는 점이다. 거의 모두 전문가의 외양인 흰 가운을 걸친 교수의 권위에 복종한 것이다. 그의 결론은 이랬다. 미국의 모든 도시가 집단 수용소의 경비병 역할을 할 사람들로 넘쳐난다는 것, 평소 선한 표정을 가진 보통 사람들도 권위에 복종하여 누구인지도 모르는 타자를 고문하는 데 동참한다는 것이다.

나와 다른 사람을 열등하고 비정상이고 심지어 악하다고 규정하려는 인간의 속성과 밀그램의 실험으로 드러난 권위에 복종하는 인간의 속성을 결합해 보자. 사상이나 종교, 성징이나 출생지가 나와 다른 사람을 차별, 억압, 배제하도록 권위의 지배자가 요구한다면 우리는 어떻게 행동할까? 더구나 그 요구에 따를 때 나의 이해관계에 좋은 영향을 미친다면? 이때 의문을 품을 줄 모르는, 다시 말해 회의할 줄 모르는 내가 괴물이 되지 않으리라는 보장은 과연 어디에 있을까?

회의하지 않는 인간은 무엇이 되는가

자식을 잃는 단장의 슬픔을 겪는 세월호 유가족들이 진상 규명을 요구하며 단식을 하는 그 옆에서 폭식 퍼포먼스를 벌이는 사람들과 동시대를 살고 있다. 그들은 보통 사람인가, 괴물인가? 고문 후유증으로 일찍 타계한 김근태 전 의원은 민청련 의장 당시 고문당했을 때 고문 기술자들이 잠시 쉬는 시간에 자녀들 교육 문제로 고민하더라고 술회한 적이 있다. 자녀 교육을 고민하는 고문 기술자들, 그들은 보통 사람인가, 괴물인가?

제주도 4·3항쟁을 비롯하여 한국전쟁 전후에는 이루 말할 수 없이 극악무도한 만행이 벌어졌다. "전기 고문을 비롯하여 여인의 옷을 벗긴 채 장작으로 매질하는 일, 가족 간에 서로 말 태우고 뺨을 때리도록 시키는 일, 여인의 유방을 도려내는 일, 강간 후 살해하기, 임신부의 배를 가르고 창으로 찌르는 일, 죽창으로 여인의 국부를 찌르는 일, 장모와 사위를 알몸으로 벗겨 성교를 시킨 다음 죽이는 일, 방금 출산한 부인을 아이와 함께 총으로 쏴서 죽이는 일, 자식을 죽인 다음 부모에게 간을 물고 마을을 돌아다니게 한 일……"*

---

* 김동춘, 『전쟁과 사회』, 돌베개, 234-235쪽

이들 가해자들은 괴물인가, 아니면 보통 사람이 상황에 떠밀려 괴물이 된 것인가? 사람이 죽음의 순간이 다가오면 순수해진다고 하는데, 과문한 탓인가. 한국전쟁 전후의 학살 교사자나 행위자들, 70~80년대 일상적으로 행해졌던 고문 행위의 교사자와 기술자들 중에 죽음의 시간에 이르러 참회했다는 얘기를 들어본 적이 거의 없다. 상황과 권력의 뒷배를 가지면 괴물이 아닌 보통 사람으로 남을 수 있기 때문인가. 이를 뒤집어 말하면, 오늘을 사는 보통 사람들도 상황에 따라, 권위자의 종용에 따라 얼마든지 괴물이 될 수 있다는 것 아닌가. 그리하여 다시금 강조한다. "회의한다=생각한다."를 부단히 생각하는 사람이 되자고! 그래서 어떤 상황이 온다고 해도 괴물은 되지 말자고!

"모든 국민은 자기 수준의 정부를 가진다."

조세프 드 메스트르라는 19세기 초반의 반동적 보수주의자의 말이다. 이를테면, 촛불은 박근혜 정권과 한국 사회 구성원 수준의 심각한 격차를 밝힌 것이라고 할 수 있다. 나의 수준이 정부와 사회의 수준을 규정한다는 점은 누구도 부정할 수 없다. 괴물이 되지 않는 것은 물론 성숙한 시민이 되기 위해서도 우리는 "회의하다=생각하다"를 끌어안아야 한다.

회의하는 사람에게 축복 있기를!

무엇이 우리를 인간이게 하는가

2018년 1월 4일 처음 찍음
2019년 5월 10일 세 번 찍음

글쓴이 천주희, 정지우, 김민섭, 류은숙, 전성원, 하승우, 강남순, 홍세화
펴낸곳 도서출판 낮은산 | 펴낸이 정광호 | 편집 강설애 | 제작 정호영
출판 등록 2000년 7월 19일 제10-2015호
주소 04048 서울시 마포구 어울마당로5길 16 반석빌딩 3층
전화 02-335-7365(편집), 02-335-7362(영업) | 팩스 02-335-7380
홈페이지 www.littlemt.com | 이메일 littlemt2001ch@gmail.com | 트위터 @littlemt2001hr
제판·인쇄·제본 상지사 P&B

ⓒ 천주희, 정지우, 김민섭, 류은숙, 전성원, 하승우, 강남순, 홍세화 2018

ISBN 979-11-5525-088-4 03300

이 도서의 국립중앙도서관 출판예정도서목록(CIP)은 서지정보유통지원시스템
홈페이지(http://seoji.nl.go.kr)와 국가자료공동목록시스템(http://www.nl.go.kr/kolisnet)에서
이용하실 수 있습니다. (CIP제어번호 : CIP2017034586)

* 잘못 만들어진 책은 바꾸어 드립니다.
* 책값은 뒤표지에 표시되어 있습니다.
* 이 책 내용의 일부 또는 전부를 재사용하려면 반드시 저작권자와 도서출판 낮은산
  양측의 동의를 받아야 합니다.